인공지능과 문화 콘텐츠 산업

인공지능총서

인공지능 시대입니다. 기계가 인간의 인지를 대신하고, 사물이 인간을 통하지 않고 다른 사물과 직접 커뮤니케이션합니다. 이에 따른 인간 삶과 문명 변화를 정확히 이해·예측·대응하는 것은 이 시대 우리 모두의 과제입니다. 인공지능총서는 인공지능 기술과 환경의 여러 주제를 10가지 키워드로 정리합니다. 관련 개념과 이론, 학계와 산업계의 쟁점, 우리 일상의 변화를 다룹니다. 인간과 기술의 현재, 미래를 세심히 분석합니다.

일러두기

- 인명, 작품명, 저서명, 개념어 등은 한글과 함께 괄호 안에 해당 국가의 원어를 병기했습니다.
- 외래어 표기는 현행 어문규정의 외래어표기법을 따랐습니다. 다만 '딥러닝', '딥마인드', '딥페이크' 등은 관행을 따랐습니다.
- 용어의 정의는 두산백과, 위키백과 등을 참고했습니다.

인공지능과 문화 콘텐츠 산업

장규수

대한민국, 서울, 커뮤니케이션북스, 2024

인공지능과 문화 콘텐츠 산업

지은이 장규수
펴낸이 박영률

초판 1쇄 펴낸날 2024년 12월 13일

커뮤니케이션북스(주)
출판 등록 2007년 8월 17일 제313-2007-000166호
02880 서울시 성북구 성북로 5-11
전화(02) 7474 001, 팩스(02) 736 5047
commbooks@commbooks.com
www.commbooks.com

ISBN 979-11-7307-274-1 03500

책값은 뒤표지에 표시되어 있습니다.

차례

인공지능 시대의 문화 콘텐츠 산업

사람들이 일정한 시대와 장소에서 집단으로 살아가며 발생한 생활 양식이나 사고방식을 문화(culture)라고 한다. 의식주, 언어, 지식, 예술, 제도 등 매우 넓은 의미의 개념이다. 영국의 인류학자 에드워드 테일러(Edward Tylor)는 "지식, 신앙, 예술, 도덕, 법, 관습, 그리고 인간이 사회의 구성원으로서 습득한 능력과 습관의 복합적 총체"라고 정의한다. 또한 문화는 학습되고 전수되며 상호 교류하며 발전하는 특징이 있다.

문화 콘텐츠(cultural contents)란 문화적 요소를 소재로 문학, 미술, 음악, 방송, 게임 등 결과물을 제작한 것을 말한다. 그리고 산업(industry)이란 인간이 생계를 유지하고자 일상적으로 종사하는 생산적 활동이다. 일반적으로 물적 재화의 생산과 더불어 서비스의 생산을 포함한다. 따라서 '문화 콘텐츠 산업(cultural contents industry)'이란 문화와 콘텐츠가 합쳐진 물적 재화 또는 서비스의 생산 활동 · 관련 사업을 말한다.

이러한 문화 콘텐츠 산업에 기계가 스스로 콘텐츠를

생산하는 '인공지능(artificial intelligence, AI)' 기술이 활용되며 전통적인 생산 · 유통 · 소비 시스템에 변화가 일어나고 있다. 인공지능이란 인간의 지능이 가지는 학습, 추리, 적응, 논증 등의 기능을 갖춘 컴퓨터 시스템이다. 인간의 지능을 모방한 기능을 인공적으로 적용한 컴퓨터 시스템이다.

컴퓨터와 인터넷 등 디지털 신기술의 발전은 문화 콘텐츠 산업의 발전에 큰 영향을 끼쳐 왔다. 최근 급속한 인공지능 기술의 발전은 우리의 삶을 급격히 변화시킬 것으로 예상된다. 인공지능 기술로 인한 긍정적 전망과 함께 부정적 우려도 제기되는데, 심지어 인공지능이 인류를 멸망시킬 것이라는 공상 과학 소설에서나 나올 법한 이야기도 나온다. 단순한 반복 작업의 자동화로 인한 일자리 감소를 우려하기도 한다. 이러한 신기술의 양면성은 문화 콘텐츠 산업에도 생성형 인공지능 기술 등이 콘텐츠 제작에 활용되며 산업 시스템이 급속히 변하고 있다.

이 책은 문화 콘텐츠 산업의 생산과 유통, 그리고 소비 시스템이 인공지능 기술의 융합으로 인해 발생하는 변화와 문제점에 대해 선행적으로 검토하고 개념을 정리하고자 했다. 머리말에서 문화 콘텐츠 산업과 인공지능에 대한 개념을 살펴보고, 제1장에서 6장까지 문화 콘텐츠 산업과 인공지능의 융합 현상에 대해 정리 · 분석했다. 그리고 제7장과 8장에서는 문화 콘텐츠 생산 시스템의 변화에 대하여, 제9장과 10장에서는 새로운 기술 도입으로 인해 발생하는 문제점에 대해 논했다.

문화, 디지털을 입다

강력한 군사력으로 넓은 땅을 차지하고 농업을 영위하던 1차 산업 이후, 기계가 대량 생산하는 공업과 자본이 주도하던 2차 산업을 거쳐 미국의 미래학자 앨빈 토플러(Alvin Toffler)가 예견한 디지털과 정보화 시대인 3차 산업의 시대를 지나왔다. 그리고 4차 산업은 디지털과 물리적 · 생물학적 기술 융합의 시대로 자동화, 빅데이터, 인공지능, 생명 공학, 나노 기술 등을 통해 생산성과 삶의 질 향상을 가져다줄 것으로 예측하고 있다.

제3의 물결로 불리던 3차 산업의 시대는 컴퓨터와 인터넷 기술이 급속히 보급되며 문화 콘텐츠의 생산과 유통에 큰 변화를 가져왔다. 긍정적인 측면에서는 디지털 기술로 빠르고 손쉽게 제작되는 콘텐츠 생산 시스템과 저장, 유통의 간편함 등이 대중문화의 확산에 크게 기여했다. 반면에 디지털화된 콘텐츠의 질적 저하와 불법 복제 등의 문제는 아직도 진행 중이다. 영원히 보존될 것 같던 디지털 자산들을 다시 종이에 기록하고, 편리하게 이용하던 디지털 문화 콘텐츠의 부작용으로부터 다음 세대를 보호해야 하는 환경에 처했다. 이러한 상황에서 4차 산업의 시대에 급속히 접어들며 매일 새로운 기술이 쏟아져 나오고, 그중에서 대중의 선택을 받아 살아남은 기술과 서비스에 익숙해지기도 전에 또 다른 기술과 서비스들이 쏟아져 나오는 혼란의 시대로 치닫고 있다.

지식 정보화의 시대를 살아가고 있는 우리는 수많은 데이터의 홍수 속에서 나에게 필요한 가치 있는 데이터를 선별하는 '데이터 마이닝(data mining)' 기술이 요구된다. 데이터 마이닝이란 수많은 데이터 가운데 유용한 상관관계를 찾아서 필요한 정보를 추출해 내는 과정이다. 여기에는 통계학, 수학적 기법 등이 활용되는데, 인공지능 기술을 활용하면 더욱 빠르고 정확한 정보를 획득할 수 있다.

4차 산업의 시대에서 인공지능과 자동화 기술의 통합은 산업 현장에 널리 응용되며 우리 삶을 급속히 변화시키고 있다. 자율 주행으로 이동이 편리해지고 인공지능 스마트홈 시스템으로 편안한 휴식 공간을 즐길 수 있다. 이전에는 인간이 직접 조작하던 기계적 산물이 인공지능 기술이 발전하며 기계가 스스로 생각하고 실행하게 되었다. 인간의 지능이 직접 관여하지 않아도 기계가 스스로 생각하고 실행하는 단계에 이른 것이다.

게다가 '생성형 인공지능(generative AI)' 기술은 단순히 데이터를 분석 · 학습하여 추론 결과를 추출하는 것을 넘어서 새로운 시청각적 콘텐츠를 만들어 낸다. 예를 들면 특정 작가의 화풍을 학습하여 그림을 그리거나, 특정 장르, 가수 등의 음악을 학습하여 원하는 새로운 음악을 만들어 낼 수 있다. 광고, 방송, 영화 산업에서는 디에이징(de-aging) 기술을 활용해 배우의 과거 모습을 되살리거나, 음성 합성 기술을 활용해서 젊은 시절의 목소리를 재현하고 있으며, 게임 산업에서는 스토리텔링, 실시간 환경 분석 등에 인공지능 기술을 활용하여 게임 이용자들에게 새로운 경험을 제공하고 있다.

이렇게 인공지능 기술이 다양한 분야에 활용되며 문화 콘텐츠 산업 종사자들의 일자리가 위협받을 수 있다는 걱정도 한다. 신문, 방송 등 신속한 정보와 뉴스를 제공하는 일은 사람보다 인공지능이 훨씬 더 빠르고 정확하고, 영화 · 음악 · 게임 등 창작 활동도 순식간에 더욱 많은 스토리와 뛰어난 표현력을 구사할 수 있기 때문이다. 혹자들은 아나운서, 애널리스트 같은 전문직이 사라질 것으로 예상하고 있으며, 미술 · 음악 · 영상 분야까지 우려가 확대되고 있다.

그러나 과거에 2차 산업 혁명이 일어났을 때, 공장 노동자들의 일자리가 없어질 것으로 걱정했지만 그렇지 않았다. 기계와 인간이 함께 일하고, 기계의 도움으로 생산이 늘어나며 유통과 소비도 늘어났다. 인공지능 기술도 마찬가지일 것으로 기대한다.

미국의 경제학자 할 배리언(Hal Varian)은 인공지능이 다양한 목적에 적용할 수 있는 보편적 기술(general purpose technology)로서 기업들에 영향을 미칠 것이라고 주장한다. 특히 챗GPT(ChatGPT)가 물꼬를 튼 생성형 인공지능 기술, 즉 사람과 소통하는 인공지능 서비스를 선도하기 위해서 전 세계의 국가와 기업들이 경쟁적으로 자본과 기술력을 투자하고 있다. 인공지능을 통한 생산성 향상과 새로운 산업 · 비즈니스 모델을 창출하여 경제 성장에 기여하는 긍정적 요인을 고려하며 투자에 사활을 걸고 있다.

인공지능과 협업하는 새로운 직무도 등장하고 인공지능 기술을 개발 · 활용하기 위한 창의성과 문제 해결 능력을 갖춘 고급 인력의 수요도 증가하고 있다. 인공지능 기반의 콘텐츠를 기획하고 스토리 · 캐릭터를 개발하는 등 인공지능 시대의 맞춤형 콘텐츠 기획, 관리, 마케팅 전문가에 대한 요구가 높아지고 있다.

따라서 인공지능 기술이 동반되는 문화 콘텐츠의 생산과 유통은 빅데이터와 알고리듬 기반 시스템, 가상·증강 현실 콘텐츠, 메타버스 콘텐츠 등 콘텐츠 환경의 변화와 개인화된 콘텐츠 소비 경험 등에 맞추어 새로운 비즈니스 모델을 기반으로 접근해야 한다.

사이버 가수에서 AI 아이돌까지

대중음악의 경우, LP, 카세트테이프 등 아날로그 매체를 거쳐 CD, MP3 등 디지털 매체로 변화했다. 컴퓨터와 인터넷 기술이 급속히 발전하며 문화 콘텐츠 산업과 디지털 기술은 떨어질 수 없는 관계가 되었다.

음악을 만드는 과정에서 녹음과 편집에 다양한 디지털 기술이 활용되는데, 컴퓨터 프로그램으로 다양한 악기를 연주·조합하고, 보컬도 인위적으로 조작하기에 이르렀다. 디지털 이펙트를 이용한 음악은 새로운 음악 세계를 창조했고, 뮤직비디오의 등장은 가상의 공간에서 춤추고 노래하는 상상의 세계를 제공한다.

1998년에는 국내에서 아담이라는 사이버 가수가 등장했다. 실제로는 다른 사람이 노래를 부르고 뮤직비디

오에서 가상의 애니메이터가 노래를 부르는 형식이었다. 이렇게 가상의 인간이 노래를 부르며 가수 활동을 하는 시도는 일본에서 본격적으로 시작됐는데, 하츠네 미쿠(初音ミク, Hatsune Miku)가 성공적이었다. 이는 데스크톱 컴퓨터에서 사용하는 보컬로이드(Vocaloid)라는 음성 합성 프로그램인데, 실제 사람의 목소리를 녹음한 가성 라이브러리(singer library)로 데이터를 만들어 합성 엔진(synthesis engine)에서 조합 · 생성하는 시스템이다. 이전에는 컴퓨터를 활용해서 악기의 편성만 조작할 수 있었지만, 보컬로이드의 등장으로 인해 악기와 보컬을 모두 컴퓨터에서 인위적으로 제작할 수 있게 된 것이다. 하츠네 미쿠는 홀로그램 등의 기술을 활용해서 현실의 공연장에서 연주자들과 함께 콘서트도 펼친다.

보컬로이드는 실제 사람의 목소리가 기본적인 데이터로 이용된다. 사람 목소리를 녹음하고, 녹음된 목소리 음원을 컴퓨터로 조합하여 하츠네 미쿠의 음악을 만드는 것이다. 그런데 인공지능으로 만들어지는 음악 · 가수들은 기성 음악을 학습한 결과물로, 인공지능이 스스로 새로운 소리와 연주로 음악을 만들어 낸다. 곡과 반주, 그리고 가창까지 기계인 컴퓨터가 모두 생산하는 것이다.

이제 인공지능이 전 세계의 빅데이터를 조사·분석해서 시장에 맞는 맞춤형 스타를 생산하는 시대가 되었다. 사이버 가수 아담 이후 24년이 지난 2022년, 디지털 광고 모델로 활동하던 사이버 인플루언서 로지(Rozy)가 가수로 데뷔했다. 소프트웨어로 만든 가상의 인간, '버추얼 휴먼(virtual human)'이 디지털 캐릭터로 인기를 얻으며 대중 스타로서의 활동을 시작한 것이다. 디지털 기술이 모바일과 네트워크로 인해 널리 보급되며 스타들의 활동 범위가 훨씬 넓어졌다. 이에 따라, 미국의 릴 미켈라(Lil Miquela), 일본의 이마(いま), 중국의 화즈빙(華智冰) 등 버추얼 휴먼들도 SNS 인플루언서, 유튜버, 가수, 모델 등 다양한 활동으로 수익을 창출하고 있다. 그중에서 가장 유명한 버추얼 휴먼으로 손꼽히는 미켈라는 미국의 버추얼 모델·유튜버·가수로, 인스타그램 260만 팔로워를 보유한 세계 최고의 버추얼 휴먼 스타다. 잡지 ≪보그(Vogue)≫의 표지 모델을 장식했고, 프라다, 샤넬 등 명품 브랜드와 컬래버레이션을 할 정도로 유명하며, 삼성전자 갤럭시의 글로벌 모델로도 활동했다. 발표한 첫 싱글은 세계 최대 음원 스트리밍 서비스 스포티파이(Spotify) 8위에 올라 150만 회 이상 재생됐다.

핑크색 단발머리를 하고 있는 이마는 일본에서 핫한 가상 모델이다. 일본 이케아(IKEA)의 모델이며 인스타그램 39만 팔로워를 보유한 버추얼 모델이다. 화즈빙은 중국 칭화대학에서 발표한 버추얼 휴먼인데, 칭화대학 컴퓨터학과와 AI 기업 즈푸(智譜)와 샤오빙(小冰), 베이징 인공지능 아카데미(BAAI)가 공동으로 개발했다. 화즈빙이 기타를 치며 노래하는 영상은 틱톡(Tiktok) 인기 영상 1위에 올랐다.

버추얼 휴먼이 가장 많이 활용되는 분야는 광고 · 마케팅 분야다. 기업이 원하는 이미지의 모델을 기획 · 제작할 수 있고 시공간의 제약 없이 활용할 수 있다는 장점이 있다. 2024년 에스엠엔터테인먼트는 버추얼 휴먼 나이비스(nævis)를 발표하며 본격적인 버추얼 가수의 활동을 예고했다. 처음에는 아이돌 그룹 에스파의 조력자 정도로 보였으나, 사내에 독립적인 부서를 신설하고 본격적인 버추얼 아티스트를 비즈니스에 활용하기 시작했다. 하이브도 자회사를 통해 버추얼 아이돌(virtual idol) 그룹 신디에잇(SYNDI8)을 데뷔시키는 등 K팝 산업에 버추얼 아이돌 비즈니스가 신사업으로 주목받고 있다.

이처럼 대중문화 산업에서도 가상의 아이돌들이 인공지능 기술을 전면에 내세우며 등장하고 있다. 가상의 아이돌들은 영역에 제한을 받지 않는다는 장점이 있다. 실제 아이돌처럼 노래를 부르고 연기를 하고 MC를 맡기도 하고, 시간 · 공간적 제한을 받지 않으며 활동한다. 사회적 물의나 스캔들을 일으킬 염려도 없다.

게다가 인공지능 기술은 불가능을 가능하게 한다. 죽은 가수가 살아나서 노래를 부르기도 한다. 2019년 일본 NHK의 버라이어티쇼 〈홍백가합전(紅白歌合戦)〉에는 30년 전 사망한 일본의 국민가수 미소라 히바리(美空ひばり, Misora Hibari)가 보컬로이드 AI 기술로 환생해서 신곡 〈아레가라(あれから)〉를 불렀다. 한국에서도 2020년 Mnet의 음악프로그램 〈다시 한번〉에 김현식과 혼성그룹 거북이의 임성훈이 AI 홀로그램으로 무대에 올라 노래를 불렀다. 그리고 인공지능은 1996년 사망한 김광석이 2002년 발표된 김범수의 〈보고 싶다〉를 노래할 수 있게 했다. 기존에 녹음된 음원이 아니고 실제로 부르지 않았던 노래도 부를 수 있게 만들 수 있는 시대로 접어든 것이다.

인공지능 기술로 활동할 수 있는 가수의 영역은 온라인뿐 아니라 오프라인 실제 무대로 옮겨졌다. 그리고 증강 현실, 메타버스 같은 가상의 플랫폼에서 아이돌 스타의 AI 아바타와 팬들이 직접 대화를 나누기도 하는, 진짜와 가짜의 구분이 모호해지는 세상이 되었다. 인공지능 딥러닝을 통해 렌더링 없이 실시간으로 표정이 변하는 기술이 동원되고, 고품질의 풀 3D 버추얼 휴먼이 아이돌 스타로 활동하는 시대가 되었다. AI 작곡가가 음악을 만들고 AI 가수는 노래하는 목소리뿐 아니라 바이브레이션과 숨소리까지 생생하게 구현한다. 그러나 진짜 같은 가짜를 만들어 내는 기술은 혼란을 초래할 수 있기 때문에 사회적 합의와 적정한 관리가 필요하다.

인공지능과 프로듀싱

한류(韓流)는 한국의 대중문화, 즉 한국에서 제작된 영화 · 방송 · 음악 · 패션 등이 해외에서 인기리에 소비되는 문화적 현상이다. 넓은 의미로는 의식주 등 한국 문화 전체의 인기를 말하기도 하지만, 대부분 한국 대중문화 콘텐츠의 해외 소비를 지칭하는 경우가 많다.

문화 콘텐츠 산업은 한류의 중요한 역할을 담당하고 있다. 지금은 한류의 열풍으로 급성장하고 있는 한국 문화 콘텐츠 산업의 진흥을 위해 매진할 때다. 인공지능 기술의 도입으로 인해 문화 콘텐츠 산업의 시스템이 변화되고 있기 때문에 정확한 사실 확인과 이론적 고찰이 시급하다. 인간은 기타 생명체와 달리 높은 지능으로 도구를 활용하고 새로운 물질문명을 개척했다. 특히 창작(creation)의 영역은 인간의 독창적인 능력이자 문화를 대표한다. 말과 문자를 사용하고 자연을 이용해 의식주를 영위하는 데에 그치지 않고 음악 · 방송 · 영화 · 게임 등 유희를 위한 문화 콘텐츠를 대량 생산 · 대량 소비한다.

한국의 TV 드라마, 대중음악 등이 해외에서 인기가 높은 이유는 디지털화된 국내 콘텐츠의 해외 확산과 더불어 차별화된 기획력이 주된 요인으로 꼽힌다. 한국뿐 아니라 해외에서도 공감을 이끌어 내는 스토리와 감각적인 기획 · 제작 능력 등 '프로듀싱(producing)'을 잘하기 때문이다. 한국의 문화 개방 정책과 문화 콘텐츠 제작 시스템의 발전은 미국, 일본 등에 이어서 한류라는 이름으로 세계인의 관심을 받고 있다.

그동안 기계는 일방적으로 인간의 수단으로 활용되었는데, 인공지능은 인간과 쌍방향 소통이 가능한 새로운 형태의 기술로 발전하고 있다. 예전부터 기계가 인간을 대체할 수 있을 것인가에 대한 문제는 존재했다. 스스로 학습하고 창조하는 능력을 가진 인공지능일지라도 문화 콘텐츠 산업에서 창작의 영역까지 대체하는 것은 불가능할 것으로 생각했다.

특히 문화 콘텐츠 산업은 소수의 천재적 예술가에 의해 주도되는 경향이 있다. 영화, 음악, 미술 등 예술성과 창작성은 소수의 인간에게 주어진 특권이었다. 그러나 누구나 자유롭게 디지털 매체를 활용하게 되면서 정보의 대중화, 빅데이터의 활용, 대중적인 제작 장비 등으로 디지털 콘텐츠의 생산에 참여할 기회가 열렸다.

디지털 카메라나 스마트폰으로 누구나 사진이나 영상을 제작 · 편집할 수 있고, 간단한 프로그램으로 음악이나 애니메이션도 제작할 수 있게 되었다. 과거에는 콘텐츠 제작 과정에 고가의 장비와 전문 인력들이 필요했지만 이젠 누구나 간단하고 저렴하게 제작할 수 있다. 따라서 콘텐츠 기획력과 창의성을 갖춘 차별화된 프로듀서들이 더욱 필요하게 되었다. 콘텐츠 기획력은 창의성과 시장성을 모두 충족시켜야 한다. 인공지능 기술은 이러한 콘텐츠 제작 과정에서 시간과 비용을 단축하고 다양한 정보를 취합 · 제공하며 보조적 역할을 담당한다. 나아가 새로운 결과물을 창조 · 제공하기도 한다. 앞으로 문화 콘텐츠 산업에서 콘텐츠를 기획 · 제작하는 데에 인공지능 기술을 어떻게 활용하고 적절히 관리해야 하는지에 대한 문제가 남았다.

인공지능에 대한 연구는 이미 1940년대부터 시작되

었다. 이후 2022년 12월, 오픈AI에서 '챗GPT-3.5'를 기반으로 개발된 베타 버전을 공개했는데 전 세계적인 관심을 받으며 기폭제가 되었다. 이후 급속히 생성형 인공지능 서비스에 대한 연구와 투자가 일어나고 있는데, 구글 · IBM 등 IT 기업뿐 아니라 전 세계의 국가 간 경쟁까지 벌어지고 있다. 세계 각국이 인공지능을 국가 주요 어젠다로 추진하고 국가 차원의 마스터 플랜과 대규모 투자 계획을 발표하면서 경쟁이 심화하고 있다.

미국은 국가 전반의 인공지능 역량을 높이기 위한 5대 전략을 제시하며 관련 연구 개발을 우선 과제로 설정했다. 2019년 도널드 트럼프(Donald Trump) 대통령이 'AI 분야에서 미국의 리더십 유지(Maintaining American Leadership Artificial Intelligence)'라는 행정 명령에 서명하는 등 적극적인 인공지능 분야 경쟁력 제고를 위해 힘쓰고 있다. 기업들도 구글의 '제미나이(Gemini)'와 오픈AI의 '챗GPT', 그리고 아마존의 '아마존 렉스(Amazon Lex)' 등 대중적인 생성형 인공지능 서비스 보급에 앞장서고 있다. 반면에 2023년 미국 할리우드에서 배우와 작가들이 인공지능 때문에 일자리를 잃을 수 있다는 염려로 동반 파업을 벌이며 세계적인 관심을 받기도 했다.

이제 인공지능으로 생성된 콘텐츠에 대해 관리와 규

제가 필요한 실정이다. 타인의 인격권과 지식 재산권을 침해하고 진짜와 가짜가 혼동되는 사회적 혼란을 막기 위해, 2024년 8월 유럽 EU에서 AI 법이 시행되었다. 미국 등 다른 나라들도 AI 관련 법을 추진하고 있다.

중국은 2024년 7월 기준으로 인공지능 관련 기업이 167만 개로 집계됐다. 그중 90%에 육박하는 148만 개는 중국 국무원이 '차세대 AI 발전 계획'을 발표한 2017년 이후 설립된 기업이다. 오픈AI가 2022년 챗GPT를 출시한 이후 2023년에만 중국에서 인공지능 관련 기업 46만 7000개가 신규로 설립됐고, 2024년 상반기에 설립된 기업만 23만7000개에 달한다. 인공지능 기술에 대한 중국의 투자가 거침없이 이루어지고 있다.

미국과 중국이 선도하고 있는 인공지능 산업에 우리나라도 대응하기 위해, 2024년 8월 공정거래위원회가 인공지능 분야의 국내 · 해외 주요 사업자를 대상으로 'AI 시장 실태조사'에 착수했다. 대규모 자본과 컴퓨팅 인프라가 필요한 인공지능 기술의 특성으로 인해 소수 기업의 경쟁 우위 확보에 따른 높은 시장 집중도와 주요 생산 요소에 대한 진입 장벽 구축 가능성 등 다양한 경쟁법상 쟁점을 눈여겨보고 있다. 사업 현황, 제품 · 시장 현황, AI 관련 분야별 거래 현황, 불공정 거래 여부 등에 대한 종합적인 파악을 위한 조사 후, 'AI 정책 보고서'를 발간할 예정이다. 그리고 2024년 9월 26일 출범한 '국가인공지능위원회'는 윤석열 대통령이 직접 위원장을 맡은 대통령 직속 기구로, 인공지능 관련 주요 정책과 연구개발, 투자 전략 수립, 인프라 확충, 인공지능 발전에 따른 교육 · 노동 · 경제 등에 대응하는 정책을 심의 · 조정할 예정이다.

살펴본바, 인공지능이 이끌어갈 문화 콘텐츠 산업의 미래는 희망과 함께 걱정을 동반하고 있다. 인공지능 기술은 기업 간(B2B), 기업과 소비자 간(B2C) 다양한 거래 관계를 형성하며, 향후 경제 성장을 이끌 핵심 산업이 될 것으로 전망된다. 그러나 대규모 자본과 인프라가 필요한 특성으로 인해 소수 기업의 집중도와 지식 재산권의 문제 등이 진입 장벽으로 거론된다.

인공지능이 문화 콘텐츠 산업의 새로운 비즈니스 모델을 창출하고 산업의 혁명을 일으킬 시스템의 변화를 가져올 수 있지만, 한계와 윤리적 문제를 유발할 수도 있다. 문화 콘텐츠 산업에 인공지능 기술이 접목되며 전통적인 생산 · 유통 · 소비 시스템이 변화하는 과정에서 제도, 권리, 윤리 등 혼란이 발생하고 있다. 인격권과 지식재산권 침해 외에도 편향성의 문제도 지적되고 있다.

기술이 인간의 삶을 개선하는 도구로 활용되기 위해서는 인공지능의 한계를 인식하고, 인간과 인공지능이 조화롭게 상호 작용할 수 있는 방안을 모색해야 한다. 향후 발생하게 될 변화를 전망하고 정책적 이슈들을 선제적으로 논의할 필요가 있다. 이를 위해서 인공지능 시스템을 투명하게 설계하고, 자동화에 수동적으로 의지하지 않고 함께 결과물을 도출하며 결과물을 조정 · 수정할 수 있도록 산업 시스템을 잘 관리해야 한다.

참고문헌

고민삼(2024.7.30). 똑똑한 AI에게 인간의 도움이 필요한 이유. ≪DBR≫, (394). https://dbr.donga.com/article/view/1101/article_no/11296/ac/magazine

김규리(2019). 『미국 인공지능(AI) 관련 최신 정책 동향』(스페셜 리포트 2019-6). 한국지능정보사회진흥원.

이봉석(2024.8.6). 中 AI 관련 기업 167만개...상반기에만 24만개 생겨. ≪연합뉴스≫, https://www.yna.co.kr/view/AKR20240806154700009?input=1195m

인터비즈(2024.7.30). 똑똑한 AI에게 인간의 도움이 필요한 이유. https://blog.naver.com/businessinsight/223530306086

장규수(2013). 『한류와 아시아류』. 커뮤니케이션북스.

정직한(2021). 인공지능과 빅데이터가 시장진입 기업에 미치는 영향관계 분석, 게임이론 적용을 중심으로. ≪디지털복합연구≫,

19(7), 95-111쪽.

조유진(2024.8.1). 공정위, AI 실태조사 나선다. ≪아시아경제≫, https://view.asiae.co.kr/article/2024080109590040437

NIPA 글로벌 ICT포털(2024.8.2). 글로벌 AI 기업, 차세대 LLM 개발에 박차. ≪글로벌 ICT 주간동향리포트≫, https://www.globalict.kr/news/trend/weekly.do?menuCode=010200&knwldNo=144176#none

Hawkins, J.(2024.7.19). GPT-4o Mini is a cheaper, almost as good version of GPT-4o. *Lifehacker*, https://lifehacker.com/tech/gpt-4o-mini-is-a-cheaper-almost-as-good-gpt-4o

Max, T.(2017). *Life 3.0: Being human in the age of artificial intelligence*. Alfred A. Knopf

Toffler, A.(1980). *Third wave*. 원창엽 옮김(2006). 『제3의 물결』. 홍신문화사.

Tylor, E. B.(1929). *Primitive culture*. Forgotten Books.

01
인공지능과 스타 시스템

스타는 소수의 인기인 또는 콘텐츠를 말한다. 스타의 대중적 인기는 대중 매체를 통해 구축되며 팬덤을 중심으로 견고한 수익을 창출한다. 스타를 기획 · 제작하고 미디어에 유통시켜 수익을 창출하는 스타 시스템은 컴퓨터, 인터넷 등 기술의 발전과 함께 진화해 왔다. 최근에는 인공지능 기술이 급속히 발전하며 기존의 스타 시스템에 변화가 시작됐다.

인공지능과 스타 시스템

스타(star)는 대중에게 노출된 연예인 가운데 특히 인기가 높은, 일종의 엘리트들을 총칭한다. 프랑스의 사회학자 에드가르 모랭(Edgar Morin)은 "스타는 완전한 상품이다. 1cm의 신체도, 한 줄의 섬유도, 생활 한 조각의 추억도 모두 시장에 내놓아지기 때문이다"라며 구축된 스타의 이미지는 대중에게 유통·소비되며 상품화된다고 설명한다. 스타는 문화 콘텐츠 산업의 주요 콘텐츠이자 고수익을 창출하는 킬러 콘텐츠를 대표한다.

스타 시스템(star system)은 두 가지로 설명할 수 있다. 첫째는 스타를 기획·제작하여 수익을 창출하는 시스템이고, 둘째는 스타를 기용하여 콘텐츠의 성공 확률을 높이는 시스템이다. 둘 다 스타로 인해 수익을 창출하는 것은 똑같다.

그중에서 스타를 제작하는 시스템은 몇 가지 과정이 필요한데, 선별력·전문성·협상력·운 등이 그것이다. 인재를 발굴하고 자본과 전문가 등을 투입하여 스타의 이미지·콘텐츠를 제작하고, 뛰어난 전략과 네트워크를 통해 미디어에 노출하는 협상력 등이 동원된다. 이제 스타로 등극하려면 스타 시스템의 조력이 필수다.

최근에는 '인공지능(artificial intelligence, AI)' 기술이

융합되며 스타 시스템에 변화가 일어나고 있다. 인공지능이란 기계나 소프트웨어에 의해 표출되는 지능이라고 정의할 수 있다. 인간의 학습 능력, 추론 능력, 지각 능력을 인공적으로 구현하려는 컴퓨터 과학의 세부 분야 중 하나다. 인간의 지능을 모방한 기능을 갖춘 컴퓨터 시스템이며, 인간의 지능을 기계 등에 인공적으로 구현한 것이다.

따라서 인공지능 기술로 탄생한 스타 콘텐츠는 일반적인 스타 시스템의 생산과 유통 방식이 매우 다르다. 첫째는 선별 과정이 없다. 빅데이터를 활용한 인공지능이 수많은 선행 스타의 데이터를 학습하고 재창조한 결과물을 생산한다. 아직은 완성도와 활동 영역에 한계가 있지만, 머지않아 인간과 비견될 정도로 완성도 높은 인공지능 스타가 출현하는 단계에 이를 것이다.

생산된 인공지능 스타는 차별화된 유통 과정을 거친다. 아직은 인공지능 콘텐츠 간의 경쟁률이 높지 않기 때문에 치열한 협상 과정이 요구되지는 않지만 새로운 기술의 도입에 대한 설득 과정이 필요하다.

과거에는 매력적인 외모와 뛰어난 재능으로 대중의 시선을 사로잡는 것이 스타의 주된 역할이었다면, 인공지능 시대에는 스타의 역할이 더욱 다변화되고 심층화

될 것이다. 팬 개개인의 취향에 맞는 맞춤형 콘텐츠를 제작·제공할 수 있고, 챗봇이나 가상 현실 기술을 통해 팬들과 실시간으로 소통하며 팬덤을 강화할 수 있다. 또한 실시간으로 지원되는 인공지능 기술로 언어 장벽을 넘어 전 세계 팬들과 소통하며 글로벌 팬덤을 구축할 수도 있다.

인공지능 스타의 주요 장점은 비용 절약과 관리의 용이성이다. 스타 기용에 소요되는 큰 비용을 절약하고 여러 가지 문제 발생 요소를 차단한다. 약물, 음주 운전 등 스캔들도 없고 언어도 자유롭게 24시간 활용할 수 있다. 그러나 단점은 빅데이터를 활용하거나 인공지능 기술을 직접 개발·선점하기 위해서는 거대한 자본과 기술력을 투입해야 한다. 따라서 문화 콘텐츠 산업에서 인공지능을 활용한 스타 시스템을 도입할 수 있는 기업도 소수에 한정된다.

아이돌(idol)은 우상이란 뜻인데, '아이돌 스타(idol star)'는 주로 청소년에게 인기가 높은 스타를 말한다. 디지털 미디어를 통한 대중문화가 널리 보급되면서 그 수요층의 연령대가 점점 낮아지고 있다. 특히 아이돌 스타는 음악 분야의 아이돌 그룹으로 대표된다. 여러 명으로 구성된 아이돌 그룹은 철저한 계획과 전략에 의해 제작된 스타 콘텐츠다. 음악이나 가수 · 연주자의 발전보다는 철저하게 회사의 이윤 창출을 목적으로 기획 · 제작된다. 아이돌 그룹은 다양한 팬층을 공략해 1인 스타와 달리 폭넓은 팬들을 안정적으로 확보하는 데에 유리하다. 반면에 아이돌 스타들은 실력보다 외모에 치중된 면이 많고 어린 나이에 스타로 등극해 사생활 관리나 인기를 오랫동안 유지하기 어려운 경우가 많다.

그러나 인공지능으로 제작된 AI 아이돌 스타는 이러한 문제를 해결할 수 있기 때문에 규모가 큰 음악 회사에서 인공지능 아이돌 그룹을 경쟁적으로 제작 · 데뷔시키고 있다. 아직은 기성 아이돌 그룹을 보조하거나 협력하며 활동하고 있으나, 머지않아 독립적인 AI 아이돌 시장이 형성될 것으로 예상된다.

인공지능과 버추얼 휴먼

인공지능과 인간이 다른 점은 창의성, 감성, 윤리 등을 꼽을 수 있다. 인간은 경험, 감각, 사회적 상호 작용을 통해 학습하며, 비정형 데이터를 처리하고 추상적인 개념을 이해하는 능력이 우수하다. 반면에 인공지능은 방대한 양의 데이터를 기반으로 패턴을 인식하며 학습하고, 인간보다 빠르고 정확한 작업에 대한 뛰어난 성능을 보여 준다. 물리적 한계가 없고 사건·사고 등에 대한 리스크가 없기 때문에 인간의 기획과 관리에 따라서 긍정적인 면도 많다.

'버추얼 휴먼(virtual human)'이란 소프트웨어로 만든 가상의 인간이다. 버추얼 모델, 버추얼 가수, 버추얼 아이돌 등은 모두 가상의 버추얼 휴먼들이다. 즉 컴퓨터를 이용하여 실존하지 않는 이미지의 인간형을 만든 것이다. 그래픽 또는 애니메이션으로 제작된 캐릭터인 버추얼 휴먼들이 인공지능 기술로 인해 스스로 말하고 행동하는 AI 모델, AI 아이돌 등으로 진화하고 있다. 빅데이터를 통해 학습된 후 재창조된 기계적 산물이지만 가상의 인간들이 세상과 소통하는 공상 과학 영화에서 나오는 장면이 현실이 된 것이다. 특히 실사형 버추얼 휴먼은 로봇, 홀로그램 등으로 연구·개발되어 현실에서도 활동한다.

버추얼 휴먼에서 더욱 인간에 가까운 외모와 행동을 하드웨어와 소프트웨어로 구현하는 로봇을 '휴머노이드(humanoid)'라고 한다. 휴머노이드는 인간의 형태나 특징을 지니면서 인간이 아닌 실체를 말한다. 인간의 말, 행동 등을 똑같이 스스로 할 수 있는 인공지능 휴머노이드가 주목받고 있다. 휴머노이드에 인공지능이 합쳐져서 인간의 명령을 정확하게 이해 · 실행한다. 나아가 스스로 생각하고 행동할 수도 있다. 프레시던스 리서치(Precedence Research)는 휴머노이드 시장이 2032년에는 286억 달러에 이를 것이라며 급속한 성장을 전망했다.

휴머노이드는 아직 초보적인 수준이지만 산업 현장에서 많은 관심을 받으며 개발이 시작되었다. 대표적인 휴머노이드로는 일본의 혼다(Honda)에서 개발한 '아시모(Asimo)'가 있다. 사람과 비슷한 외모에, 빠르게 걷고 계단을 오르고 물건을 집는 등 다양한 동작을 수행하며 휴머노이드의 대표적인 모델로 자리매김했다. 미국의 테슬라(Tesla)에서 개발 중인 '옵티머스(Optimus)'는 물건을 나르거나 집안일을 돕는 등 일상적인 작업을 수행할 수 있게 설계된 인간형 로봇이다. 한국에서도 한국과학기술원(KAIST)에서 '휴보(Hubo)'를 개발했다. 재난 구조 등 다양한 분야에 활용될 수 있도록 개발되었다.

하지만 인간형 로봇, 휴머노이드는 아직 문화 콘텐츠 산업에서 예술가를 대체하기엔 시간이 오래 걸릴 것이다. 따라서 매력적인 이미지와 커뮤니케이션 능력으로 무장한 버추얼 휴먼이 최신 기술과 트렌드로 젊은 층에게 관심을 받고 있다. SNS 커뮤니티를 통해 콘텐츠를 공유하고 댓글이나 DM으로 소통하는 피드백도 버추얼 휴먼의 인기 요인이다. 업계에서는 젊은 층을 타깃으로 하는 광고, 음악, 게임 등에서 인기리에 활용하고 있다.

우리는 한류를 주도하고 있는 방송, 음악, 게임 등의 인기와 한류 스타들을 활용하면 버추얼 아이돌 시장에서 새로운 가치를 창출할 수 있을 것이다. AI 아이돌은 아직 초기 단계이지만, 앞으로 더욱 발전하여 문화 콘텐츠 산업의 새로운 패러다임을 만들어 갈 것으로 예상된다. 하지만, AI 아이돌이 실제 아이돌을 완전히 대체할 수는 없을 것이며, 두 가지 형태의 아이돌이 공존하며 시너지를 창출할 것으로 기대된다.

참고문헌

김병수(2024.5.3). AI?AH가 대세!. ≪매일경제≫, https://www.mk.co.kr/news/culture/11006684

위키피디아(*n.d.*). 인공지능. https://ko.wikipedia.org/wiki/%EC%9D%B8%EA%B3%B5%EC%A7%80%EB%8A%A5

허향량(2002). 『스타 마케팅』. 매일경제신문사.

Ivy Szeto(2022.12.26). 홍콩, 가상 아이돌인 브이튜버의 눈부신 활약. ≪KOTRA 해외시장뉴스≫, https://me2.do/xb7WmKDG

Morin, E.(1972). *Les stars.* 이상률 옮김(1992). 『스타』. 문예출판사.

Frascogna, X. M., Jr., & Hetherington, H. L.(2004). *This business of artist management*(4th ed.). Billboard Books.

02
인공지능과 광고 산업

광고는 미디어를 통해 널리 알리는 일이다. 제품이나 서비스의 판매를 촉진하기 위해 다양한 광고를 제작 · 노출시키는데, 광고 효과를 극대화하기 위해 스타 콘텐츠를 활용하기도 한다. 그러나 스타 콘텐츠는 비용이 많이 들고, 투자에 비해 효과를 장담하기 어렵다.
따라서 광고 산업에서 인공지능 기술을 적극적으로 활용하기 시작했다. 가상 인간과 가상 공간으로 광고가 만들어지고 있다.

인공지능이 만드는 광고

'광고(advertisement)'란 상품이나 서비스에 대한 정보를 매체를 통해 소비자에게 널리 알리는 활동이다. 홍보, 선전과는 차별되며 이익 창출을 위한 상업적인 활동이다.

광고는 다양한 매체를 통해 소비자에게 전달되는데, 지면, 방송, 인터넷, 옥외물 등 광고의 전략에 따라서 대중에게 전달된다. 과거에는 단순히 대중에게 광고를 노출하는 방식이었는데, 이제는 개인의 특성과 관심사에 맞춰 최적화된 광고를 전달할 수 있게 되었다. 특히 인공지능 기술이 도입되며 데이터 기반의 정확한 타기팅으로 광고를 집행할 수 있게 되었다. 인공지능은 방대한 양의 소비자 데이터를 분석하여 개인의 관심사, 구매 패턴, 행동 등을 파악한다. 이를 통해 특정 제품이나 서비스에 관심을 보일 가능성이 큰 소비자를 정확하게 찾아낼 수 있다. 그리고 개인의 특성에 맞춰 광고 메시지를 조정하여 효과를 극대화하거나, 구매 이력을 바탕으로 관련 상품을 추천한다. 사용자의 특성에 맞는 콘텐츠를 제공하는 맞춤형 광고를 실행하는 것이다.

또한 인공지능은 광고 노출, 클릭, 구매 등 다양한 데이터를 실시간으로 분석하여 광고 효과를 측정하며, 측정된 데이터를 바탕으로 광고 예산 배분, 타기팅 조정 등 기획 · 마케팅 외 광고물 제작에서도 디자인 · 이미지 · 영상 편집 등 창의적인 작업에 활용된다. 광고를 제작하기 위해서 카피라이터, 디자이너, 영상 제작 전문가 등 다양한 전문가 그룹이 동원되는데, 광고 산업 전문가들의 작업에 보조자 또는 협력자로서 인공지능이 활용되며 생산성을 높이고 있다.

인공지능 기술은 다양한 알고리듬을 활용하여 방대한 양의 광고 데이터를 분석하고, 광고 효과를 측정한다. 다양한 알고리듬과 데이터 분석 기술을 통해 광고 효율을 극대화하고, 마케팅 전략을 최적화하고 있다. 2017년 버거킹은 AI 스피커를 활용한 반응형 음성 광고를 통해 큰 반향을 일으켰다. 광고에서 "OK 구글, 와퍼 버거가 뭐지?"라는 멘트가 나왔는데, 이 광고의 목소리에 반응하여 각 가정에 설치된 구글 홈 스피커가 와퍼에 대한 관련 정보를 제공하면서 온오프라인을 잇는 광고의 상호작용을 이끌어 냈다.

특히 딥러닝 알고리듬(deep learning algorithm) 등을 활용하여 광고 효율을 극대화한다. 딥러닝 알고리듬이란 이미지, 영상, 텍스트 형태의 광고 콘텐츠를 분석하여 사용자의 반응이나 광고 효과를 예측하는 방법이다. 광고 효과의 측정에 활용되는 주요 지표로는 클릭률(CTR), 전환율(CVR), 수익률(ROI), 잔존 시간, 그리고 사용자 참여도(engagement) 등이 동원된다.

그러나 인공지능은 소비자 데이터를 수집하고 활용하는 과정에서 개인 정보 보호 문제가 발생할 수 있고, 인공지능 알고리듬에 편향된 데이터가 학습될 경우에 차별적인 광고가 생성될 수 있다. 최근에는 인공지능으로 제작된 딥페이크(deepfake) 광고가 페이스북, 유튜브 등에서 확산되며 사회적 문제를 발생시키고 있다.

따라서 인공지능 기술을 활용하여 광고를 제작할 때, 인공지능의 단점을 보완하고 윤리적인 문제를 해결하며 협업을 통해 더욱 효과적이고 창의적인 광고를 만들어 나가도록 노력해야 한다.

가성비 좋은 AI 모델

3D 그래픽과 인공지능 기술로 만든 가상 인간이 광고의 모델로 출연하기 시작했다. 버추얼 모델, AI 모델은 단순한 가상의 인물을 넘어, 새로운 형태의 커뮤니케이션과 경험을 제공하고 있다.

광고에 스타를 기용하는 것은 안정적인 성공률을 지향하기도 하지만 큰 리스크를 안고 있다. 그러나 AI 모델은 스캔들도 없고 2차, 3차 콘텐츠로 확장하는 것도 자유롭다. 게다가 제작 시간과 비용도 획기적으로 줄일 수 있다. 나아가 인공지능으로 제작된 가상의 인플루언서가 실제 인플루언서처럼 광고를 진행하며, 더욱 넓은 범위의 타깃에 도달하기도 한다.

과거에도 컴퓨터 그래픽 기술로 제작된 버추얼 휴먼들이 광고 · 홍보에 활용됐다. 루이비통은 2013년 보컬로이드 '하츠네 미쿠(初音ミク, Hatsune Miku)'의 가상 투어 의상을 디자인했고, 2016년에는 게임 〈파이널 판타지 13〉의 주인공 '라이트닝(Lightning)'을 광고 모델로 기용해서 화제가 되었다. 한국에서도 1998년 사이버 가수 '아담'이 여성 의류 브랜드 나이스클랍을 홍보하며 활동했다.

요즘은 버추얼 · 가상 모델들의 등장에 이어서 인공지능 기술을 이용한 AI 모델을 제공하는 업체들이 생겨났다. 디지털 기술의 발전으로 가상 세계가 현실과 융합되면서 새로운 형태의 콘텐츠에 대한 수요가 증가했기 때문이다.

'릴 미켈라(Lil Miquela)'는 가장 유명한 AI 모델로 손꼽힌다. 컴퓨터 그래픽과 인공지능 기술 등으로 제작된 가상의 인물이 SNS상에서 활동하며 일정 영향력을 행사

한다. 대중적 스타와 마케터로서 밀레니얼 세대를 사로잡고 있다. 실제로 미켈라는 인스타그램 260만 팔로어를 보유하고, 발표한 싱글 음원이 빌보드와 스포티파이의 상위권 순위에 올랐다. 그녀는 샤넬, 발렌시아가, 슈프림 등 유명 패션 브랜드의 옷을 입고 사진을 찍는 등 인터넷 셀럽, 즉 인플루언서로 손색이 없다. 할리우드 3대 에이전시로 손꼽히는 CAA와 계약하고, 디지털 세상의 가상 인간이 현실의 모델, 인플루언서들과 경쟁하고 있다.

인공지능으로 제작된 AI 모델 중에서 눈에 띄는 사례는 '슈두(Shudu)'가 있다. 슈두는 흑인 여성 가상 모델이다. 영국 출신 사진작가 캐머런 윌슨(Cameron Wilson)이 패션 업계에서 10여 년간 일한 경험을 바탕으로 3D 이미지 처리 기술을 이용해 만든 가상 모델이다. 최초의 디지털 슈퍼모델이라는 찬사도 있지만, 제작자가 백인이라는 이유로 문화적 전유(cultural appropriation)라는 비판도 있다.

KFC는 AI 모델을 직접 제작 · 활용하고 있다. 대부분의 브랜드는 미켈라나 슈두 같은 AI 모델에게 비용을 치르고 광고 · 홍보에 활용하지만, KFC는 직접 AI 모델을 제작했다. '콜로넬(Colonel)'이라는 이름의 AI 모델은

KFC 창립자를 닮은 외모로 KFC의 각종 이벤트에 출연하며 관심을 받고 있다.

국내에서도 삼성전자에서 '샘'이라는 이름의 버추얼 휴먼이 등장했고, LG전자에서도 '김래아'라는 AI 모델이 활동 중이다. 김래아는 CES 2021 전시회에서 LG전자 미디어 발표회의 프레젠테이션을 진행하며 많은 관심을 받았다. 컴퓨터 그래픽 기술로 만들어진 외모에 인공지능 기술로 목소리를 구현했다. 이 외에도 롯데 홈쇼핑 진행자로 '루시'가 활동 중이고, 신한라이프 광고로 유명한 '로지'는 엔터테인먼트사와 매니지먼트 계약을 체결하고 왕성하게 활동하고 있다.

그러나 인공지능 기술이 기존 데이터를 기반으로 콘텐츠를 만들기 때문에 AI 학습에 이용되는 초상권에 대해 꾸준히 문제가 제기되고 있다. 게다가 AI 모델이 실제 사람처럼 등장해서 소비자를 속이는 과장·허위 광고에 이용되거나 음란물에 활용되며 문제가 발생하고 있다.

광고 산업에 가상 인간의 활동이 많아지자, 일각에서는 관리와 규제의 움직임도 시작되었다. 인도의 광고표준위원회(ASCI)에서 세계 최초로 광고에 가상 인간임을 명시해야 한다는 지침을 발표했다. 제품이나 서비스에 대해 객관적으로 평가할 수 없는 가상 인간의 활동임을 소비자에게 알려서 오해를 막자는 취지다.

가상의 모델들은 실제 모델이나 인플루언서가 가지는 인간적인 매력을 완벽하게 대체하기에는 아직 부족한 부분이 있다. 따라서 실제와 가상, 두 가지 유형의 모델, 인플루언서가 서로 다른 강점을 가지고 공존할 것으로 전망된다.

참고문헌

미래산업전략연구소(2021). 『미래 문화 분야 인공지능 활용 활성화를 위한 전략기획 연구』. 문화체육관광부.

어도비코리아(2019.8.21.). 인플루언서 마케팅 트렌드: 가상 인플루언서가 온다. https://blog.naver.com/adobe_kr/221623500016

유재부(2018.4.3). 모델계의 4차 산업혁명! 패션업계가 가상 모델 '슈두'에 푹 빠진 이유. ≪패션엔≫, https://www.fashionn.com/board/read_new.php?table=1002&number=24066

03

인공지능과 음악 산업

브루노 마스가 한국 걸 그룹의 노래를 부른다. 아이유가 〈밤양갱〉을 부른다. 인공지능 기술을 활용한 AI 커버 곡들이다. 온라인에서 유통되는 이런 음악들은 새로운 즐거움을 제공했지만 지식 재산권에 대한 논란을 일으켰다.

음악 산업에도 인공지능 기술이 도입되며 작사, 작곡, 보컬 등 음악 창작 전반에 변화가 일어나고 있다.

디지털 음악과 인공지능

'음악 산업(music industry)'이란 음악을 생산 · 유통하는 산업적 개념인데, 음악을 요소로 하는 상품 · 서비스 등을 생산 · 유통함으로써 이윤을 창출하는 것이 목적인 기업 활동을 말한다. 아티스트라는 생산자와 관객이라는 수용자로 구성되어 있으며, 이를 연결하는 다양한 전문가들과 유통 과정이 포함된다.

LP, 카세트테이프 등 아날로그 매체로 유통되던 대중음악은 컴퓨터와 디지털 기술의 등장 이후 '디지털 음악(digital music)' 파일로 저장 또는 스트리밍(streaming)되며 유통되고 있다. 아날로그와 상반되는 개념의 디지털은 0과 1의 조합에 따라 여러 가지 정보를 기록 · 저장 · 재생하는 것을 말한다. 즉 디지털 음악이란 음악을 MP3, WMV, FLAC 등 디지털 파일로 변환해 컴퓨터나 재생 기기에서 들을 수 있는 음악을 말한다.

음악 산업의 생산자에 '인공지능(AI)'이라는 참여자가 등장했다. 인간의 창의성으로 창조되는 음악이 기계 · 프로그램이 창조하는 음악이라는 새로운 생산 시스템이 등장한 것이다. 인공지능은 방대한 양의 음악 데이터를 학습하며 다양한 음악 스타일, 장르, 악기 연주법 등을 습득한다. 그리고 학습된 데이터를 기반으로 음악의 패턴을 인식하고, 새로운 음악을 생성할 때 이러한 패턴을 활용한다. 특히 사용자의 피드백이나 음악 시장의 트렌드를 분석하여, 더욱 많은 사람이 좋아할 만한 음악을 만들어 내도록 지속적으로 개선한다는 장점이 있다.

이제 비트와 멜로디를 작곡하는 역할부터 악기 연주와 목소리 가창까지 인공지능이 제작하는 기술이 상업화되었다. 인공지능 기술을 기반으로 음악을 생성하는 도구는 2023년 5월 구글이 '뮤직 LM(Music LM)'을 공개했고, 6월에는 메타가 '뮤직 젠(Music Gen)'을 선보였다. 이어 9월에는 스테빌리티 AI가 오디오 생성에 특화된 '스테이블 오디오(Stable Audio)'를 발표했다.

인공지능 기술은 음악의 생산 외에도 유통에도 이용된다. 애플뮤직, 스포티파이 등 음악 스트리밍 서비스에서 인공지능 기술을 이용하여 사용자의 청취 패턴을 분석해서 맞춤형 음악을 추천하기도 하고, 음악 플랫폼을 최적화하여 사용자 경험을 향상한다.

한류의 1등 공신으로 인정받는 K팝 산업에서도 인공지능이 적극적으로 활용되기 시작했다. 2023년 초 하이브는 AI 오디오 기업 수퍼톤을 약 5백억 원에 인수하고 소속 가수의 음악을 6개 국어로 제작하는 데에 AI 음성 기술을 활용했다. 에스엠엔터테인먼트도 버시스와 함께 메타버스 플랫폼 제페토(Zepeto)에 '에스파 월드(Espa world)'를 구현했다. 에스파 월드는 메타버스상에서 에스파의 음원, 의상, 헤어 등을 제공하는 스테이지, 아이템숍, 로비, 게시판 등으로 구성되어 에스파의 곡과 안무 등 다양한 콘텐츠를 가상으로 경험할 수 있다.

인공지능이 음악을 만드는 것은 최근 일이 아니다. 이미 1955년에 미국 일리노이대학의 레자렌 힐러(Lejaren Hiller)와 레너드 아이잭슨(Leonard Issacson)이 작곡을 하는 컴퓨터 '일리악(Illiac)'을 발명했다. 일리악은 16세기 작곡가들을 분석해서 현악 4중주를 발표한 바 있다. 이후 2010년 산타크루스 캘리포니아대학의 데이비드 코프(David Cope)가 딥러닝 기술을 최초로 적용한 AI 작곡 프로그램 '에밀리 하웰(Emily Howell)'을 제작하여 모차르트, 베토벤 스타일로 재현한 디지털 싱글을 발표했다. 2015년 예일대학의 도냐 퀵(Donya Quick)이 개발한 '쿨리타(Kulitta)'는 바흐 스타일로 작곡하며, 2016년 영국 에이바 테크놀로지가 개발한 '아이바(AIVA)'는 클래식 음악 6만여 곡을 학습하고 광고와 게임의 BGM을 제작하는 등 상품적 가치를 인정받았다. 특히 쿨리타와 아이바는 프랑스 음악저작권협회가 인정한 최초의 가상 아티스트로 등록되었다.

글로벌 시장 조사 업체 마켓어스(Market.us)는 2023년부터 2032년까지 AI 음악 생성 분야의 연평균 성장률을 28.6%로 추산했다. 이제 음악 산업과 인공지능은 떼려야 뗄 수 없는 관계가 되었다.

빅데이터와 인공지능 음악

과거에는 음악을 제작하고 소비하는 것이 주관적인 영역이었다면, 이제는 데이터 기반의 분석과 인공지능 기술을 통해 더욱 정교하고 효율적인 음악 생태계가 구축되고 있다.

인공지능은 빅데이터를 통한 방대한 양의 음악 데이터를 학습하여 새로운 멜로디 · 화음 · 리듬을 창작하고, 기존 곡을 재해석하여 새로운 음악을 만드는 일을 보조하거나 직접 생산한다. 또한 인공지능은 음악 제작 과정의 반복적인 작업을 자동화하여 음악 제작자들의 생산성을 높이고, 지역별 · 장르별 분석 등을 마케팅 전략 수립 자료로 제공한다.

반면에 음악 소비자에게는 빅데이터를 통해 사용자의 음악 감상 패턴, 선호 장르, 좋아하는 아티스트 등을 분석하여 개인 맞춤형 음악을 추천해 준다.

이처럼 빅데이터와 인공지능은 서로 시너지 효과를

내며 음악 산업을 더욱 발전시킨다. 빅데이터는 인공지능에 학습 데이터를 제공하고, 인공지능은 빅데이터를 분석하여 새로운 가치를 창출하는 것이다. 따라서 인공지능 음악은 앞으로 더욱 정교한 알고리듬과 방대한 데이터를 기반으로 개인 맞춤형 음악 경험이 가능하도록 도울 것이다. 또한, 인공지능 작곡가의 등장으로 음악 창작의 문턱이 낮아지고, 다양한 실험적인 음악이 탄생할 것으로 예상된다.

음악 산업에서 인공지능 기술은 곡을 만드는 일만 하는 것이 아니다. 가사를 번역하고, 아티스트나 음악에 대해 분류 · 분석 · 소개하는 역할도 한다. 2024년, 미국의 그래미 어워즈(Grammy Awards)가 IBM의 AI 플랫폼 '왓슨x(watsonx)'와 협업해서 100개 부문, 1,000명 이상의 후보자에 대한 콘텐츠를 왓슨x를 통해 생성했는데, 아티스트의 경력과 특징 등에 대한 상세한 분석을 제공했다. 거대 언어 모델(LLM)을 활용해 완성도를 높였으며, 인스타그램 · 페이스북 · 틱톡 등 소셜 미디어의 콘텐츠 생성도 빠르게 제공했다.

그리고 음악 스트리밍 서비스를 제공하는 스포티파이도 2023년 오픈AI와 함께 팟캐스트를 다른 언어로 번역하는 서비스를 시작했다. 플레이리스트 생성과 음원 큐레이션(curation)에 인공지능이 활용되고 있다. 국내에서도 2023년부터 멜론이 이용자들에게 음악을 추천해주는 서비스를 시작했고, 플로는 플레이리스트 생성 서비스를 제공하고 있다. 지니뮤직은 2024년부터 AI 작·편곡 서비스를 시작했다.

인공지능 기술은 데이터를 기반으로 학습하기 때문에 인기 있는 음악 스타일을 모방하여 비슷한 음악을 생성할 가능성이 크다. 이는 음악의 다양성을 감소시키고, 획일적인 음악이 넘쳐나는 결과를 초래할 수 있다. 인공지능은 데이터 분석을 통해 대중의 선호도를 파악하고, 이에 맞는 음악을 생성하는 데에 특화되어 있기 때문에 예술적인 가치보다 상업적인 성공에 초점을 맞추는 경향도 무시할 수 없다.

따라서 인공지능 시대의 음악 산업은 첫째, 인공지능이 생성한 음악의 저작권 소유 문제, 표절 문제 등에 대한 명확한 법적 기준 마련이 필요하다. 둘째, 인공지능이 음악 창작의 주체가 되면서 인간의 창의성이 위축될 수 있다는 우려가 있기 때문에 인공지능은 인간의 창작 활동을 향상하는 도구로 활용되어야 한다. 셋째, 인공지능 기술을 개발할 수 있는 자원이 부족한 소규모 음악가들이 더욱 어려움을 겪을 수 있는 빈익빈 부익부 현상을 보완해야 한다.

빅데이터와 인공지능 기술이 접목된 인공지능 음악, AI 아이돌은 K팝 산업의 새로운 분야로 발전할 전망이다. 이에 음악 산업 생태계의 변화에 연구 · 대응하고, 지속 가능한 창작, 저작권 환경을 위해 국내에서만이 아니라 국제적으로도 대화와 노력이 요구된다.

참고문헌

김병수(2024.5.3). AI? AH가 대세!. ≪매일경제≫, https://www.mk.co.kr/news/culture/11006684

김훈석(2018). 음악과 인공지능의 상호관계 연구: 공존과 지배의 관점에서 본 인공지능. ≪문화산업연구≫, 18(1), 125-134쪽.

장규수(2015). 『뮤직 비즈니스』. 커뮤니케이션북스.

장세민(2023.12.31). 2023년 음악 생성 AI, 누가 혁명을 이끌었다. ≪AI타임즈≫, https://www.aitimes.com/news/articleView.html?idxno=156209

정주원(2023.5.26). AI를 만난 K팝 유쾌한 시도 vs 불쾌한 흉내. ≪매일경제≫, https://www.mk.co.kr/news/culture/10746092

한순천(2024.5.16). 시상식부터 스트리밍까지... 문화콘텐츠 'AI 활용' 늘었다. ≪서울경제≫, https://www.sedaily.com/NewsView/2D5JBY7OU5

04
인공지능과 방송 산업

TV에서 AI 아나운서가 뉴스를 전달하고, 증권 정보와 날씨 정보를 인공지능이 분석해서 제공한다. 방송 프로그램의 구성이나 드라마의 대본을 인공지능이 척척 만들어 낸다. 그리고 촬영 현장에서도 인공지능 카메라가 특정 인물만 따라다니며 촬영하고, 중계차에서 인공지능이 커팅을 넘긴다. 한 번도 경험하지 못한 세상이 도래했다.

인공지능 작가

방송 콘텐츠를 만들기 위해 프로그램을 구성하고 대본을 만드는 작가(writer)의 역할은 중요하다. 드라마의 각본을 쓰는 시나리오 작가, 그리고 예능 · 교양 · 다큐 · 시사 프로그램 등을 구성하는 구성 작가들이 방송 제작 현장에서 일한다.

정해진 방송 시간에 따라서 프로그램을 구성하고 대본을 작성하는 방송 작가는 자료를 수집하는 일도 함께 한다. 이러한 작업은 방대한 데이터를 수집하고 추려내는 작업이기 때문에 인공지능을 활용하기 시작했다. 인공지능이 더욱 빠르고 광범위한 정보를 취합하여 구성안과 기초 대본을 만들어 내기 때문이다.

방송 산업에 인공지능 기술이 활용되며 작가의 영역에 다양한 변화가 일어났다. 인공지능은 단순 반복 작업을 빠르게 처리하고 대량의 콘텐츠, 정확한 콘텐츠를 단시간에 생산할 수 있다. 사람과 달리 휴식 없이 지속하여 작업할 수 있고, 다양한 문체와 스타일을 학습하여 원하는 형태의 글을 생성할 수도 있다. 특히 정보를 제공하는 뉴스, 날씨 등에서 인공지능의 역할은 두각을 나타낸다. 데이터를 분석하여 필요한 결과물을 빠르고 정확하게 도출하기 때문이다.

혹자는 앞으로 몇 년만 지나면 인간이 만든 방송과 인공지능이 만든 방송 간의 차이가 거의 없어질지도 모른다고 주장한다. 일부 직업군이 사라질 것이라는 극단적인 걱정도 한다. 그러나 인공지능은 인간의 창의성, 감성, 비판적 사고 능력을 완전히 대체할 수 없고, 단순 반복적인 글쓰기 작업이나 데이터 기반의 글쓰기 작업 등 인간의 창작 활동을 보완하는 역할을 할 것으로 예상된다. 인공지능은 정해진 데이터를 기반으로 학습하기 때문에 학습 데이터가 편향적일 경우, 생성되는 콘텐츠에도 편향성이 반영될 우려도 있다. 이는 뉴스, 정보, 교양 프로그램 등의 제작에 심각한 공정성 문제를 발생시킬 수 있다.

작가 외에도 방송에서 글을 쓰는 직업군은 기자(journalist), 애널리스트(analyst) 등이 있다. 이는 전문성을 무기로 특정 분야를 조사·분석하고 미래 대안을 제시하는 직업이다. 따라서 사실과 데이터를 정확하게 분석하는 것이 중요하다. 예를 들어 주식이나 주택 시장에 대한 뉴스 제공은 축적된 객관적인 데이터들을 실수나 편견 없이 빠르고 정확하게 분석하는 것이 중요하다. 이런 일은 사람보다 기계가 더욱 정확하고 빠르기 때문에 인공지능의 빅데이터 분석 능력과 빠른 연산 능력이 활용되고 있다.

따라서 방송 산업에서 인공지능은 사실 전달을 신속하게 전달하거나, 방대한 데이터를 분석해서 간결하게 뉴스를 작성하거나, 또는 24시간 쉬지 않고 뉴스를 작성하는 것에 두각을 나타낸다. 물론 정치 · 사회 등 복잡한 상황을 해석하는 데에 한계가 있고, 가짜 뉴스 생성, 개인 정보 유출 등 윤리적인 문제가 발생할 가능성도 있다.

방송과 연관된 인공지능 기술은 VR 콘텐츠와 결합되어 사람의 마음을 위로하는 휴먼 테크적 기술 도구로도 활용되고 있다. 인공지능은 MBC 휴먼 다큐멘터리 〈너를 만났다〉(2020) 등에서 작고한 인물의 외모와 목소리를 되살렸고, 미국 유명 시트콤 〈프렌즈(Friends)〉 전편에 대한 대본을 학습해 〈프렌즈 속편〉(2016)을 집필하기도 했다.

그리고 인공지능 기술은 방송 데이터를 관리하고 자료를 찾을 때도 편리하다. 수많은 과거의 영상 혹은 촬영된 영상 중에서 필요한 장면들을 쉽고 빠르게 찾을 수 있다. 방송 데이터를 구축하고, 필요에 따라 추출 · 재사용하는 데에 매우 빠르고 편리하게 활용할 수 있다.

인공지능 아나운서

인공지능으로 제작된 가상의 '버추얼 휴먼'이 방송에서 정보를 전달하는 아나운서(announcer)나 기상 캐스터(weather caster) 등으로 등장하기 시작했다.

아나운서는 뉴스, 시사, 교양, 예능, 스포츠, 그리고 라디오 프로그램 등에서 정보를 전달하며 사회자의 역할을 담당한다. 기상 캐스터는 방송국에서 일기 예보를 전달하는 역할을 하는 사람이다. 전문가에게 전달받은 일기 예보 정보를 정확하게 전달하는 것이 중요하다.

따라서 아나운서와 기상 캐스터 모두 정확한 발음으로 문맥의 연결이 자연스럽게 대본을 읽는 것이 중요하다. 인공지능 기술은 정보를 제작하는 것에서 그치지 않고, 대본을 읽으며 정보를 전달하는 역할까지 해 내고 있다. 즉 AI 아나운서, AI 기상 캐스터, AI 기자가 활동하기 시작했다.

국내에서는 YTN과 MBN이 AI 아나운서와 AI 기자를 활용하고 있다. 실제의 아나운서 · 기자를 가상의 형태로 제작한 사례도 있지만, 순수하게 가상의 캐릭터를 제작한 사례도 있다. LG헬로비전은 AI 아나운서를 내세운 'AI 유튜브 리포팅'을 운영하는데, 지역 뉴스, 지역 날씨, 캠페인 프로그램 등 지역의 다양한 콘텐츠를 제작 · 서비스하고 있다.

인공지능 아나운서, 기자 등의 장점으로는 첫째, 매력적인 외모를 가진 캐릭터를 만들어 항상 최상의 컨디션으로 영원히 사용할 수 있고, 둘째, 동시에 여러 곳에 출연하거나 24시간 무제한 출연이 가능하다. 셋째, 다양한 외국어로 방송할 수 있고, 넷째, 초기 비용이 들지만 장기적으로는 제작 비용이 줄어든다.

특히 AI 아나운서는 텍스트만 입력하면 자동으로 음성으로 전환해 방송할 수 있고, 실시간 외국어 더빙 방송도 가능해 재난 방송에 적합하다는 평가를 받는다. 실제로 일본에서 2018년 태풍 '제비'가 상륙했을 때, 일본의 지역 라디오 방송 FM와카야마에서 AI 아나운서를 통해 야간 재난 방송을 송출해서 주목받았다. 한국에서도 SK 브로드웨이가 AI 기자를 활용해 지역 채널 'ch B tv'의 뉴스를 제작하고 있다. 기존에는 뉴스 제작에 45분 걸렸지만, 인공지능 기술로 인해 4분 만에 뉴스를 제작할 수 있게 되었다.

과거에는 보이스웨어(Voiceware), 보컬로이드 등으로 기계가 인간의 목소리를 대체하기도 했지만, 이제는 딥보이스(deep voice) 등 인공지능 기술로 인간의 목소리를 조합 · 제작해서 가상 인간의 목소리를 만들어 사용한다. 또한 인간의 이미지도 딥페이크를 활용해서 만들어 낸다. 즉 인공지능이 인간의 이미지와 목소리를 만들어서 진짜 인간과 거의 흡사한 AI 인간을 만들어 낼 수 있다. 지금은 인공지능이 만든 콘텐츠와 사람이 만든 콘텐츠 간에 차이가 있지만, 비슷해지는 시점이 곧 도래할 것이라고 전문가들은 말한다. 기술이 발전하면 돌발 상황에 대한 유연한 대처까지 해결될 것이다.

또 TV · 인터넷 등의 방송에서 일방적으로 정보를 전달하는 데에 그치지 않고 사용자의 질문에 직접 음성으로 대화하는 쌍방향 커뮤니케이션이 이루어지기 시작했다. 오픈AI의 '챗GPT'는 질문에 대답하는 인공지능 서비스다. 방대한 데이터를 기반으로 정확한 대답을 전해 주는 똑똑한 사회자 · 전문가의 역할을 기계가 대신하는 것이다. 대부분의 사람들이 인공지능과 대화하는 것은 기술적으로 불가능하다고 생각했지만, 챗GPT의 서비스가 등장한 이후 급속히 연구 · 개발되고 있다. 이미 제한적인 서비스가 챗GPT-4o에서 실현되고 있으며, 문자나 언어뿐 아니라 시청각 콘텐츠도 제공하기 시작했다.

방송이라는 매체의 특성상 자료 수집, 정보 연산 등 특정 분야에서 인공지능 기술이 사용되며 인간의 역할을 보조하는 것이라고 생각할 수 있다. 그러나 기술의 발전이 점점 빠른 속도로 진행되어, 공상 과학 소설이나 영화에서 그러하듯 인간과 동등하거나 더 뛰어난 인공지능 콘텐츠를 접할 시대가 머지않았다.

참고문헌

미래산업전략연구소(2021). 『미래 문화 분야 인공지능 활용 활성화를 위한 전략기획 연구』. 문화체육관광부.

이수지(2022.2.19.). AI앵커 이어 MBN 'AI 기자' 등장…인간 기자 대체하나. ≪뉴시스≫, https://www.newsis.com/view/?id=NISX20220218_0001764880&cID=10701&pID=10700

조성미(2024.9.5). SK브로드밴드, AI 방송 제작 설루션으로 지역채널 뉴스 제작. ≪연합뉴스≫, https://www.yna.co.kr/view/AKR20240905035500017?input=1195m

05
인공지능과 영화 산업

할리우드에도 인공지능의 시대가 도래했다. 인공지능 기술은 스토리, 캐스팅, 촬영, 편집, 마케팅 등 영화 제작 전반에 걸쳐 효율성과 창의적 변화를 가져왔다. 일자리 감소에 대한 우려도 있으나, 영화와 인공지능의 융합은 인력과 비용적 측면에서 획기적인 결과를 도출하고 상상력과 창의력에서 무궁한 확장성이 예상된다.

디지털 기술과 영화

다양한 문화 콘텐츠 산업 중에서 영화는 기술의 발전과 미국 할리우드(Hollywood) 시스템으로 인해 거대한 산업으로 성장했다.

방송, 인터넷 등과 차별된 고화질 · 고음질의 영화 콘텐츠는 기술의 발전에 힘입어 지속적으로 발전하고 있다. 게다가 극장의 다양한 서비스는 대중의 문화 향유에 큰 역할을 담당한다.

디지털 기술은 영화 산업에도 혁명적인 변화를 가져왔다. 필름 카메라로 촬영하고 현상하던 방식에서 벗어나, 디지털카메라, 편집 소프트웨어, 컴퓨터 그래픽 등 다양한 디지털 기술이 도입되며 영화 제작 과정은 더욱 효율적이고 창의적으로 변화했다. 고화질의 영상 장비 외에도 각종 오디오, 특수효과 장비들로 인해 영화 산업은 더욱 선명한 영상과 음향, 그리고 편집이 가능해졌다.

과거에는 불가능했던 특수 효과(VFX)들이 컴퓨터 그래픽을 통해 현실로 구현되고, 디지털 오디오 편집 시스템과 디지털 영화관 등으로 인해 관객들이 더욱 몰입감 넘치는 영화 관람을 할 수 있게 되었다.

이제 특수 효과는 영화 제작에서 빠질 수 없는 중요한 요소가 되었다. 온 · 오프라인 기술이 총동원되는 특수 효과를 통해 영화의 완성도가 높아지고, 촬영된 영상을 보완하고 실제가 아닌 가상의 공간을 만들어 관객을 무한한 상상의 세계로 초대한다. 인공지능 기술을 통해 실제로 촬영하기 어려운 지역, 시설, 과거의 모습 등을 구현할 수 있게 되었다.

조지 루커스(George Lucas)의 〈스타워즈(Star Wars)〉가 제작될 때는 가상의 공간과 소품들을 모형으로 만드는 데에 투자했고, 픽사(Pixar)의 〈토이 스토리(Toy Story)〉는 컴퓨터 기술이 동원된 세계 최초의 풀CG 3D 애니메이션 영화를 제작했다. 특히 〈토이 스토리〉는 눈에 띄는 컴퓨터 그래픽 애니메이션 효과뿐 아니라, 애니메이션 최초로 아카데미 각본상에 노미네이트되었다. 루커스필름의 조지 루커스, 애플의 스티브 잡스(Steve Jobs), 디즈니(Disney)가 협력한 결과였다. 영화 산업은 디지털 기술의 발전과 함께 다양한 분야의 컨버전스(convergence) 작업으로 발전하고 있는 것이다. 특히 생성형 AI 기술은 품질 향상과 시간 단축을 가능하게 해서 영화 제작에서 미래 활용도가 매우 높다.

디지털 기술은 영화의 유통에도 변화를 가져왔다. 온라인 스트리밍(OTT) 서비스의 등장으로 영화를 언제 어디서나 TV, 스마트폰, 컴퓨터를 통해 시청할 수 있게 되었다. 이러한 변화는 극장 중심의 배급 방식에 큰 변화를 가져왔다. 관객들도 가상 현실(VR)과 증강 현실(AR) 기술의 융합을 통해 영화 속 세상을 직접 체험할 수 있는 새로운 형태의 영화를 경험하게 되었다. 메타버스 공간에서 영화를 상영하고, 관객들이 다른 관객과 소통하며 영화를 즐길 수 있다. 나아가 알고리듬을 기반으로 개인의 취향에 맞는 영화를 추천해 주고, 관객이 영화의 스토리 전개에 직접 참여할 수 있는 인터랙티브(interactive) 영화도 등장했다.

앞으로 영화는 인공지능 등 새로운 디지털 기술의 응용으로 인해 더욱 높은 수준의 시청각적 · 공간적 체험이 가능하게 될 것이다.

인공지능과 영화 제작

영화가 산업으로서 크게 성장한 것은 미국의 역할이 컸다. 미국 할리우드의 대형 영화 스튜디오들은 일명 '스튜디오 시스템(studio system)'을 구축하며 성장했다.

스튜디오 시스템이란 영화의 제작, 배급, 상영 등 전 부문을 수직적으로 통합한 체계다. 할리우드의 메이저급 영화사들은 흥행의 안정성을 확보하기 위해 영화 제작에 동원되는 모든 시설과 전문 인력에 대한 시스템을 구축했다. 영화 제작에 필요한 모든 기간 시설과 기자재를 구비했을 뿐 아니라 감독, 작가, 배우 등 모든 노동력까지 전속으로 계약하고 시스템화했다.

이후 대형 스튜디오들의 불공정 거래 등이 문제로 제기되며, 1970년대 무렵부터 연예인 · 에이전시 · 제작사 등이 분야별 노동조합을 결성하고 상호 견제와 보호의 역할을 자율적으로 해결하며 대형 에이전시를 중심으로 '에이전시 시스템(agency system)'을 구축했다.

최근에는 할리우드 영화 제작사들이 인공지능 기술을 활용해 비용을 절감하는 동시에 자사 콘텐츠의 저작물이 새로운 수익원이 될 것으로 기대하고 있다. 인공지능은 새로운 콘텐츠를 만들어 내기 위해서 기존 콘텐츠를 학습하는 것이 필요하기 때문에 저작권 문제에서 벗어날 수 없기 때문이다.

그리고 인공지능 기술은 단순히 영화 제작 과정을 자동화하는 것을 넘어, 영화의 질을 높이고 새로운 가능성을 열어 가고 있다. 방대한 양의 데이터를 학습하여 다양한 장르와 스타일의 시나리오를 생성하는 데에 활용될 수 있고, 이미지 생성 모델을 통해 더욱 사실적이고 정교한 시각 효과를 구현하며, 영화 제작 시간과 비용을 절감한다. 예를 들면 인물의 움직임에 따라 컴퓨터 그래픽을 입히는 작업을 자동화하여 시간과 비용을 절약하고, 배우의 얼굴을 다른 사람의 얼굴로 바꾸거나, 과거의 배우를 부활시키는 등 다양한 창의적인 연출이 가능하다. 3D 모델 생성과 텍스처링을 자동화하여 더욱 사실적인 시각 효과를 구현하며, 녹음된 음원에서 불필요한 소음을 제거하고 영화의 분위기에 맞는 음악을 자동으로 생성할 수 있다. 카메라, 조명 등을 자동으로 제어하고 편집 시 장면 연결과 색 보정 등 완성도를 높이는 데에도 기여한다.

2019년 영화 〈아이리시맨(The Irishman)〉의 제작에 페이스파인더(facefinder)라는 인공지능 기반의 시각 효과를 사용하여 로버트 드니로(Robert De Niro), 알 파치노(Al Pacino) 등 배우들의 젊은 시절의 모습을 복원했다. 이러한 제작 기술은 딥페이크라는 얼굴을 바꾸는 기술, 로토스코핑(rotoscoping)이라는 인물의 움직임을 따라 컴퓨터 그래픽을 자동으로 입히는 기술 등 인공지능 기술을 활용한 것이다.

그러나 인공지능 기술에서 학습·활용되고 있는 콘텐츠 저작권에 대한 문제가 발생하고 있다. 구글, 오픈AI, 알파벳, 메타 등 인공지능 빅테크들은 할리우드 제작사들로부터 영상 저작권을 확보하고자 노력하고 있다. 이미 인공지능의 상당수가 저작권이 있는 각종 영상 등을 학습했을 것이지만, 아직 이들 기업을 상대로 소송을 제기한 메이저 제작사는 없다. 이들은 싸우기보다는 서로 협업할 방안을 찾고 싶어 하기 때문이다.

인공지능 기술은 이미 영화 제작의 다양한 분야에 깊숙이 스며들어 영화 산업의 지형을 변화시키고 있다. 간단한 텍스트 명령어를 단시간에 영상 클립으로 제작해주는 오픈AI의 생성형 동영상 인공지능 '소라(Sora)', 구글의 '비오(VEO)', 피카랩스의 '피카(Pica)' 등 새로운 AI 기기들이 등장했다. 할리우드의 작가와 배우들은 인공지능 기술의 등장이 자신들의 일자리를 빼앗을 수 있다고 우려하며 수개월간 파업을 벌이는 등 할리우드 영화 산업은 혼란스러운 시기를 겪기도 했다.

하지만 앞으로 인공지능은 딥페이크, 모션 캡처, 시뮬레이션 등 시각 효과가 더욱 발전할 것이며, 음향 · 편집 등 영화 제작 전반에 시간과 비용을 절감하며 효율적인 도구로서 이용될 것으로 예상된다.

참고문헌

서재창(2024.5.24). 할리우드 향해 구애하는 빅테크... AI 위한 영상 콘텐츠 확보. ≪헬로T≫,

https://www.hellot.net/news/article.html?no=90108
상규수(2013). 『스타 시스템』. 커뮤니케이션북스.

06
인공지능과 게임 산업

게임 산업은 글로벌 시장에 진출하기 쉽고 높은 부가가치를 창출한다. 그러나 제작에 많은 비용과 인력이 소요된다. 인공지능 기술은 비용, 인력, 시간을 단축하고 이용자의 행동에 반응하며 더욱 현실적이고 몰입감 있는 경험을 제공한다. 실시간으로 예측하고 반응하며 게임의 흥미와 난이도를 조절해서 현실감과 성취감을 극대화한다.

생성형 AI와 게임

글로벌 게임사 10곳 중 3곳이 게임 개발에 생성형 AI를 사용하는 것으로 나타났다. 한국콘텐츠진흥원(2024)의 ≪글로벌 게임산업 트렌드≫ 5/6월호에 따르면, 국내 게임 산업 조사 결과, 생성형 AI를 본인 또는 동료가 사용하고 있거나 관심이 있다는 응답이 64%로 집계됐다. 주로 재무 · 마케팅 등 비개발 부서에서 사용 비율이 높았지만, 프로그래밍 · 디자인 · 오디오 등 게임 개발 관련 부서에서도 다양하게 생성형 AI를 사용하는 것으로 나타났다.

게임사들이 생성형 AI를 도입하는 이유는 시간 단축과 예산 절감을 꼽았으며 사용자 만족도가 높아진다고 분석했다. AI가 만들어 내는 게임의 다양한 패턴과 상황이 더욱 만족스러운 경험을 제공하는 것이다.

생성형 AI는 게임 스토리의 창작에 도움을 주고, 캐릭터를 시각적으로 만들어 주기도 한다. 게임 제작 시, 반복되는 작업이 빠르고 정확하게 자동화되어 시간과 비용을 절감해 준다. 생성형 AI의 기술이 점점 발전하면서 이미지뿐 아니라 동영상까지 고품질로 생산해 내며 게임 산업에 다양하게 활용되고 있다. 단순히 게임을 더욱 현실적으로 만드는 것을 넘어, 게임 개발 과정 자체를 효율화하고 새로운 형태의 게임 경험을 제공하고 있다.

게임 콘텐츠 생성 자동화는 3D 모델이나 애니메이션 등으로 캐릭터, 오브젝트, 배경, 그리고 움직임 등을 거의 실시간으로 생산 · 제공한다. 다양한 외모, 성격, 능력을 가진 캐릭터들에, 다양한 종류의 아이템뿐 아니라 무한에 가까운 다양한 레벨과 스토리를 자동으로 생성하여 플레이어에게 매번 새로운 경험을 제공한다.

예를 들면 〈마인 크래프트(Mine craft)〉에서 무한한 세계를 생성하고 다양한 블록을 조합하여 창의적인 건축물을 만들 수 있도록 지원할 뿐 아니라, 〈디아블로(Diablo)〉 시리즈에서는 다양한 던전과 몬스터를 자동 생성하여, 반복 플레이에 대한 지루함을 해소한다. 그리고 〈스타크래프트(Star craft)〉 시리즈에서도 인공지능 기술을 통해 상대방의 전략을 예측하고 효과적인 전략을 수립하여 게임의 난이도를 조절할 수 있다.

또한 인공지능 기술은 사용자들과 실시간으로 대화를 나누며 사용자의 행동을 분석해서 창의적인 대응이 가능하게 한다. 이러한 맞춤형 게임 콘텐츠는 플레이어의 행동 패턴을 분석하고 상호 작용을 효과적으로 진행하여 게임 환경을 개선할 수 있다.

생성형 AI는 게임 장르마다 다르게 적용되어 게임 경

힘을 혁신적으로 변화시킬 수 있는데, 첫째, RPG(role-playing game) 게임에서 플레이어의 선택에 따라 실시간으로 스토리를 생성하고 다양한 캐릭터도 생성하여, 플레이어의 행동에 따라 게임 세계가 변화하는 더 현실적인 게임 경험을 제공한다. 둘째, 액션 게임에서 다양한 레벨 디자인을 자동 생성하여 매번 새로운 도전을 제공한다. 셋째, 더욱 지능적이고 예측 불가능한 게임 환경을 구현하여 플레이어의 행동에 따라 전투 상황이 실시간으로 변화하고 다양한 전략을 요구하는 전투 시스템을 구현한다. 넷째, 시뮬레이션 게임에서 더욱 현실적인 시뮬레이션을 구현하고, 플레이어의 목표와 선호도에 따라 시뮬레이션 환경을 맞춤형으로 조정할 수 있다. 다섯째, 스포츠 게임에서 실제 선수와 유사한 능력과 외모를 가진 선수를 무한히 생성하여, 더욱 현실적인 경기를 즐길 수 있다. 또한 선수들의 움직임과 전략을 실시간으로 시뮬레이션하고, 플레이어의 플레이 스타일과 약점을 분석하여, 개인 맞춤형 훈련 프로그램을 제공한다.

인공지능과 게임 개발

인공지능 기술은 게임 개발 과정의 자동화, 플레이어 경험 향상, 새로운 게임 모델 창출 등 다양한 측면에서 긍정적인 반면에, 윤리적 문제, 게임 중독 심화 등 우려되는 부분도 있다. 따라서 게임 산업과 기술 개발을 저해하지 않는 선에서 적정 수준의 관리와 제도가 필요하다.

게임은 국민 63%가 즐기는 대표적인 여가 문화로 다른 분야보다 민생과 가장 밀접한 관련이 있다. 또한 게임은 전체 콘텐츠 수출액의 약 70%를 차지하는 수출 유망 분야로, 세계적 경쟁력도 지니고 있다. 게임 산업은 민생과 경제 두 분야에 걸친 핵심 먹거리로 정부가 더 특별한 관심을 두어야 한다.

인공지능은 게임 제작 초기의 아이디어 이미지 작업부터 대화 구조, 캐릭터 이미지 등에 이르기까지 거의 모든 분야의 제작 기간을 획기적으로 단축한다. 인공지능 기술로 게임 그래픽을 제작하는 수준을 넘어서, 생성형 AI 자체를 콘텐츠로 쓰는 게임, 같은 결말이 없는 게임도 나왔다.

대다수의 인공지능 기술이 게임 개발에 활용되는 분야는 반복적인 과정의 자동화 과정과 버그를 찾고 안정성을 높이는 테스트 자동화 과정이다. 캐릭터 생성, 퀘스트 생성, 레벨 디자인 등 반복적인 작업을 자동화하여 개발 기간을 단축하고 비용을 절감한다. 그리고 인공지능을 활용하여 게임 버그를 자동으로 찾아내고 수정한다. 또한 인공지능은 플레이어의 행동 패턴, 선호도, 난이도 등을 분석·조절하여 개인에게 최적화된 게임 콘텐츠를 제공하게 도와준다. 이러한 게임 환경은 게임을 더욱 생동감 있게 만들고 플레이어 간 상호 작용 활성화와 실시간 반응하는 무한한 양의 게임 콘텐츠 생산을 통해 새로운 경험을 제공한다. 이러한 기능들은 개발 과정에서 게임 디자인이나 마케팅에도 적극적으로 활용된다.

인공지능은 게임을 만들기도 하지만 게임을 할 수도 있다. 인공지능은 방대한 데이터를 분석하여 새로운 게임 아이디어를 제시하고 간단한 스케치나 설명만으로 게임 프로토타입을 빠르게 생성하여, 아이디어를 시각화하고 테스트한다. 그리고 인공지능은 프로토타입을 자동으로 플레이하여, 버그를 찾아내고 게임의 품질을 향상한다.

인공지능을 활용한 게임 개발 도구도 점차 증가하고 있다. 엔비디아의 NPC 개발 도구 'ACE(Avatar Cloud Engine)'를 비롯해 유비소프트의 '네오 NPC(NEO NPC)', 게임 아트 제작용 툴 '시나리오(Scenario)', 게임 배경 제작 툴 '프로미시언 AI(Promethean AI)', 플레이어의 행동을 분석하는 '루도(Ludo)', 코드 작성을 지원하는 생성형 AI '로즈버드(Rosebud)' 등 게임 개발 전반에 사용될 수 있는 툴들이 계속 나오고 있다.

인공지능 기술이 게임 개발의 생산성을 향상하고 소비자의 맞춤형 경험과 자율성을 제공하는 반면에, 인공지능 기술을 직접 개발하고 활용하기 위해서는 아직 많은 비용과 시간이 소요될 수 있기 때문에 대형 게임사 위주로 도입될 수 있다. 게다가 불특정 사용자를 대상으로 정보를 수집하여 개인정보 침해에 대한 문제도 제기된다.

그러나 인공지능이 게임 산업의 미래를 바꿀 핵심 기술인 것은 분명하다. 인공지능 기술을 어떻게 활용하느냐에 따라서 게임 산업이 더욱 발전하고 플레이어들에게 더욱 즐거운 경험을 제공할 수 있을 것이다.

참고문헌

김은태(2024.6.24). 생성형 AI, 게임업계 자리 잡았다. ≪게임샷≫, https://www.gameshot.net/common/con_view.php?code=GA66798151e312e

한국콘텐츠진흥원(2024). 생성형 AI 본격적으로 활용하는 게임업계...미래 전망은?. ≪글로벌 게임산업 트렌드≫, (65).

07
컬처 테크놀로지와 프로듀싱

문화 콘텐츠 산업의 역사는 기술의 발전과 함께한다. 녹음 기술이 발명되며 음악 산업이 발전했고, 영상 기술이 발전하며 영화, 방송 산업이 성장했다. 컴퓨터와 인터넷이 보급되고, 인공지능 기술이 융합되며 프로듀서의 창의성을 더욱 극대화하는 도구로 활용되고 있다.
가상 공간과 가상 콘텐츠의 등장은 콘텐츠 산업의 창의적 영역을 확대하고 있다.

문화 콘텐츠 산업과 문화 기술

'문화 기술(culture technology, CT)'이란 문화 콘텐츠 산업의 발전과 부가 가치를 높이기 위해 사용되는 유무형의 기술을 말한다. 오늘날 대부분의 문화 콘텐츠는 디지털로 제작 · 유통 · 소비되는 경향이 있기 때문에 디지털 기술이 적극 활용된다. 협의의 개념으로는 문화 콘텐츠를 디지털화하는 기술을 말하지만, 광의의 개념으로는 문화 콘텐츠 산업의 부가 가치를 높이고 삶의 질을 향상하는 창의성, 전문성 등의 기술을 포함한다.

문화 콘텐츠 산업이란 문화적 가치를 지닌 다양한 콘텐츠를 제작 · 유통하여 부가 가치를 창출하는 산업이다. 문화 콘텐츠는 지식 재산권을 기반으로 높은 부가 가치를 창출할 수 있다. 대량생산, 대량소비가 추구되며, 더욱 넓은 곳에서 많은 사람에게 전달되어 소비되는 것을 목표로 한다.

디지털 기술은 이러한 문화 콘텐츠 산업의 생산과 유통에 혁명을 일으켰다. 인터넷과 모바일의 보급으로 인해 글로벌 시장 진출이 쉬워졌고, IT · 디자인 · 엔터테인먼트 등 다양한 산업과 융합하여 새로운 비즈니스 모델을 창출하고 있다.

문화 기술은 콘텐츠 제작 효율성을 증대하고, 새로운

콘텐츠 형식을 창출한다. 3D 모델링, VFX, 모션 캡처, VR, AR, MR 등 새로운 기술을 활용하여 기존에 없던 새로운 형식의 콘텐츠를 창출하고, 사용자 경험을 혁신적으로 변화시킨다. 스트리밍 플랫폼, 모바일 게임 플랫폼 등 다양한 플랫폼을 구축하여 콘텐츠를 효과적으로 유통하고, 새로운 비즈니스 모델을 창출한다.

이제 문화 기술은 문화 콘텐츠 산업의 경쟁력을 강화하는 핵심적인 요소가 되었고, 문화 콘텐츠 산업의 성장이 새로운 문화 기술 개발을 촉진하는 상호 의존적인 관계가 되었다.

한국의 대중음악, 즉 K팝이 세계적으로 인기리에 소비되고 있는 것도 문화 기술의 결합이 중요한 역할을 했다. 케이블 TV, 위성 TV, 인터넷, 모바일 등을 통해서 전 세계 팬들에게 음악이 빠르게 전달되며 팬덤을 형성했다. 다양한 디지털 음악 장비들로 고음질 음원을 제작하고 컴퓨터 그래픽을 활용하여 현실과 가상을 넘나드는 독창적인 뮤직비디오도 제작했다. 화려한 외모와 파워풀한 안무 등을 완벽하게 표현하기 위한 촬영 기법과 편집 기술도 발전했다. 그리고 페이스북, 인스타그램 등 소셜 미디어를 활용하여 팬들과 소통하며 팬덤을 구축하고, 팬들의 행동 패턴에 관련된 빅데이터를 분석하여 맞춤형 콘텐츠를 제공하며 팬덤을 관리하고 있다.

디지털 콘텐츠의 제작은 기술과 자본의 영향을 받는다. 1988년 서울올림픽 이후 경제적 성장과 문화 개방 정책에 힘입어 콘텐츠 제작 기술과 컴퓨터 · 인터넷 등 디지털 기술이 급속히 발전했다. K팝의 성공은 단순히 음악적인 재능뿐만 아니라, 다양한 문화 기술과의 융합을 통해 이루어진 것이다. 대중음악 및 뮤직비디오 제작 기술, 음원 유통 플랫폼, 소셜 미디어 활용, 글로벌 마케팅 전략 등이 K팝의 세계적인 성공을 이끌었다.

특히 IT 강국으로서 인터넷과 스마트폰의 대중적인 보급은 비교적 짧은 음악이나 동영상으로 제작된 K팝의 확산에 큰 원동력이 되었다. 과거에 LG전자는 자사 스마트폰의 뛰어난 동영상 기능을 강조하며 K팝 뮤직비디오를 내장하여 판매하기도 했다. 이제는 실시간으로 스트리밍되고, K팝 스타들이 영화 · 드라마 등으로 영역을 확대하며 한류의 한 축을 담당하게 되었다.

제3의 물결이라 불리던 '정보화 사회'는 디지털 기술의 우위에 따라서 순위가 결정되던 시대였다. 이제 군사력과 경제력에 이어 선진국이 되는 데에는 인공지능 기술을 비롯한 문화 기술이 융합되어 차별화된 콘텐츠로 생산 · 유통되는 것이 중요한 경쟁력으로 부상했다. 즉 디지털 시대의 새로운 기술과 자국의 문화가 융합되는 것이 중요하다.

인공지능 시대의 프로듀싱

프로듀스(produce)란 '생산하다'라는 뜻의 동사인데 상품을 대량으로 생산한다는 의미가 있다. 명사로서는 생산물, 생산품으로 해석된다. 따라서 '프로듀싱(producing)'이란 상품이나 서비스를 제작하는 것이다.

오늘날 프로듀싱의 과정은 매우 전문적이고 상업적인 입장에서 접근한다. 프로듀서(producer)의 리드로 프리프로덕션(pre-production)을 거쳐 실질적인 프로덕션(production)과 포스트프로덕션(post-production)까지 제작 전반에 걸쳐 비즈니스적인 일을 담당한다. 다시 말해, 문화 콘텐츠 산업에서 프로듀싱은 창의적인 면과 함께 상업적인 면이 강조된다.

따라서 철저하게 데이터를 분석해서 시장이 요구하는 문화 콘텐츠를 제작하는 것이 중요하다. 여러 가지 콘텐츠 생성형 AI가 개발되며 소설, 시, 이미지, 음악, 동영상까지 다양한 형태의 콘텐츠를 생성하고 있다. 이러한 신기술은 프로듀싱에 적극적으로 활용되어, 특정 주제나 스타일을 기반으로 소설 · 시나리오 등의 제작에 이용되며, 영화 · 방송 · 음악 · 게임 · 공연 등의 제작 과정에도 적극적으로 사용되고 있다.

음악, 방송, 영화 등 문화 콘텐츠 산업의 프로듀서는 콘텐츠의 제작 · 관리를 총괄하는 역할을 담당하며, 기획 · 투자 · 예산 · 관리 등 제작의 전반적인 과정에 참여한다. 프로듀서는 콘텐츠 제작과 경영뿐 아니라 디지털 기술과 환경에 대한 이해가 요구된다. 특히 영화, 게임 등 대규모 자본 · 인력 · 시간이 투여되는 분야에서 프로세스를 관리하는 것은 프로듀서로서 매우 중요한 역할이다.

프로세스 마이닝(process mining)은 기업의 업무 처리 과정을 데이터 기반으로 분석하고 개선하는 기술이다. 프로세스 마이닝은 시스템에 남겨진 로그 데이터를 분석하여 숨겨진 문제점을 찾아내고 개선점을 제시한다. 기록된 자료를 분석하여 의미 있는 정보를 찾아내는 것을 목적으로 하는 기술로, 빅데이터 시대의 기업 경영 관리에 필수로 꼽힌다. 프로세스 성과를 측정하고 개선하는 데는 프로세스 또는 조직의 성과 측정을 강조하는 기업 성과 관리(CPM), 지속적 프로세스 혁신(CPI), 비즈니스 프로세스 혁신(BPI), 전사적 품질 경영(TQM), 그리고 식스 시그마(six sigma) 등의 다양한 경영 기법이 활용되고 있다.

프로세스 마이닝은 삼성전자, 대우조선해양 등 제조 기업의 제조 프로세스 분석, 부산항의 항만 물류 프로세스 분석, 전시회 관람객 동선 분석 등 다양한 분야에 적용되고 있다. 문화 콘텐츠 산업도 프로듀서가 프로세스 마이닝을 통해 불필요한 단계를 제거하고, 오류를 찾아내 리스크를 줄이고, 반복적인 업무를 자동화하여 생산성을 향상시킬 수 있다. 이러한 과정에 객관적인 데이터 분석, 실시간 모니터링 등 인공지능 기술을 응용할 수 있다.

프로듀서의 프로듀싱은 창의적 콘텐츠의 기획과 생산이 중요하다. 창의적인 프로듀싱이란, 말 그대로 새로운 창작이다. 상업성만 부각하여 모방이나 반복적인 콘텐츠의 양산만 하는 것이 아니라, 새로운 창의적 생산 기획 · 과정이 필요하다.

창의성은 독창적인 아이디어에서 출발한다. 창의적 콘텐츠의 구분은 차별성과 관계가 있다. 기존의 것들과 다른 독특한 개성으로 구분된다. 특히 문화적 창의성은 넓은 의미의 문화적 배경에서 새로운 것을 생각하고 만드는 것을 말한다. 이러한 특성은 오랜 시간 학습과 경험을 통해서 능력이 키워진다. 반면에 인공지능은 창작의 고민과 과정을 알지 못한다. 인공지능이 빅데이터로 수천, 수만 개의 작품들을 하루 종일 쏟아 낸다고 하더라도 인간이 만들어 낸 창작품과는 비교의 기준이 다를 수밖에 없다.

따라서 인공지능 시대의 문화 콘텐츠 프로듀서는 단순히 콘텐츠를 제작하는 사람을 넘어, 인공지능 기술을 이해하고 활용하여 창의적인 아이디어를 구현하는 역할을 해야 한다. 인공지능은 프로듀서의 창의성을 확장하고, 새로운 가능성을 열어 주는 도구가 될 것이다.

참고문헌

고학수(2022). 『AI는 차별을 인간에게서 배운다』. 21세기북스.

고학수 외(2019). 인공지능과 차별. ≪저스티스≫, (171), 199-217쪽.

은행연합회(2012.10.31.). [보도자료] 불합리한 차별행위 방지 모범규준 제정 시행.

Hardt, M., et al.(2016). Equality of opportunity in supervised learning. In *Proceeding of the 30th Conference on Neutral Information Processing Systems(NIPS 2016)* (pp.3323-3331).

Kleinberg, J., et al.(2016). Inherent trade-offs in the fair determination of risk scores. doi:10.48550/arXiv.1609.05807

08
인공지능과 프로슈머

소비자가 직접 생산 활동에 참여하는
프로슈머는 디지털 기술과 인터넷 네트워크를
통해 새로운 형태의 콘텐츠와 시스템으로
활동한다.
창작 활동에 인공지능 기술이 도입되며 더욱
쉽게 고품질의 창작 활동이 가능해지고,
네트워크로 연결된 참여 예술의 프로슈머
콘텐츠들이 생산 · 유통되며 전문가들과 미묘한
경쟁을 하게 되었다.

디지털 네트워크와 인공지능

디지털 기술은 우리 삶에 편리함과 새로운 유희의 장을 열어 주었다. 이제 LP나 CD 같은 저장 매체가 필요 없고 초고속 무선 스트리밍으로 전 세계의 음악을 언제 어디서나 자유롭게 즐길 수 있다.

특히 인공지능 기술은 실험에서 벗어나 산업에 활용되며 놀라운 결과물을 쏟아 내기 시작했다. 이미 일부 대중적인 인공지능 서비스가 시작되었고 글, 이미지, 음악, 동영상까지 인공지능 기술을 활용한 콘텐츠가 생산 · 유통되고 있다.

디지털과 인터넷의 보급은 사람들이 연결되는 '네트워크(network)'를 구축했다. 이는 컴퓨터들을 연결하여 서로 데이터를 교류하는 통신망 구조다. 상호 연결된 선들의 집합인 네트워크는 사람들을 연결시키고 조직을 연결시킨다. 여기서 중요한 점은 데이터가 서로 연결되어 있다는 것이다. 전 세계의 컴퓨터가 네트워크로 인해 연결되어 있으면, 상호 작용으로 전 세계의 데이터가 연결된다는 것이다. 더구나 무선 인터넷의 급속한 발전과 보급으로 인해 더욱 편리하게 정보와 콘텐츠가 실시간으로 네트워크로 연결되었다.

네트워크에서는 정보의 접근성에 따라서 정보 부자와

정보 빈자로 나뉘기도 한다. 자신의 정보 접근성 또는 소속 커뮤니티에 따라서 정보와 권력이 좌우된다. 인터넷 네트워크의 커뮤니티에서 담당하는 역할이나 접근할 수 있는 정보의 가치에 따라서 실질적인 계급화 현상이 나타나는 것이다.

문화 콘텐츠 산업이 점점 규모의 경제로 진입하면서 거대 자본과 현장 인력들의 전문성이 중요해졌다. 이러한 생산 시스템의 전문성은 대형 자본과 조직력을 바탕으로 스타 콘텐츠의 잠재력을 효율적으로 개발하는 것부터 시작한다. 지식 재산권을 해결하고 고급 정보를 갖춘 빅데이터를 학습한 인공지능의 수준에 따라서 2차 콘텐츠의 결과물에서 질적 차별화가 나타날 것이기 때문이다.

디지털 네트워크는 인공지능 학습에 필요한 방대한 양의 데이터를 제공하기 때문에 많은 양의 컴퓨팅 자원이 필요하다. 디지털 네트워크는 실시간으로 생성되는 데이터를 빠르게 수집하고 처리하여 인공지능이 실시간으로 반응하고 학습할 수 있도록 지원하며, 새로운 서비스를 창출하는 자원이 된다. 따라서 앞으로 디지털 네트워크를 통한 인공지능 활용에서도 계급화 현상이 불가피할 것으로 예상된다. 예를 들어 자율 주행 자동차, 스마트 시티, 가상 현실 콘텐츠 제작 등 다양한 분야에서 인공지능과 네트워크가 결합되어 새로운 가치를 창출하고 있다. 문화 콘텐츠 산업도 마찬가지다. 세계의 전문가들이 네트워크를 통한 비대면 협력 작업을 수행할 수 있고, 소비자도 편하고 쉽게 네트워크를 통해 스트리밍 · OTT · 메타버스 등 서비스를 즐길 수 있다.

인공지능을 통해 스스로 학습하고 진화하는 지능형 네트워크가 등장할 것이다. 인공지능은 네트워크 트래픽을 분석하고 예측하여 네트워크 성능을 최적화할 수 있다. 디지털 네트워크와 인공지능이 발전하며 모든 사물이 연결되는 초연결 사회를 구현하는 데에 기여할 것이다.

'참여 예술(arts participation)'은 관객이 단순히 감상하는 대상이 아닌, 작품에 직접 참여하고 상호 작용하는 예술 형식이다. 네트워크와 인공지능은 이러한 참여 예술에 새로운 가능성을 제시하며, 둘의 만남은 예술의 경계를 허물고 창의적인 표현 방식을 확장시키고 있다. 네트워크로 연결되어 각자의 장점을 발휘해 협업할 수 있고, 인공지능 알고리듬이 실시간으로 음악 · 영상 등을 생성하여 예술가와 함께 창작물을 만들 수도 있다. 온라인 플랫폼, 소셜 미디어 등 네트워크를 통해서 전 세계 사람들이 동시에 참여하는 글로벌한 예술 프로젝트가 가능해졌다. 관객 또한 단순한 관람을 넘어, 댓글 · 공유 · 협업 등 다양한 방식으로 작품에 참여할 수 있기 때문에 이는 예술의 소비자가 생산자로 변화하는 쌍방향 소통을 가능하게 한다.

따라서 디지털 네트워크와 인공지능은 서로를 필요로 하며, 상호 작용하며 발전하는 관계다. 이 두 기술의 융합은 문화 콘텐츠의 생산과 대중의 문화 향유를 더욱 편리하고 스마트하게 만들어 줄 것이다.

인공지능과 프로슈머

문화 콘텐츠를 즐기는 소비자 중에서는 적극적인 소비 집단의 영향력, 즉 팬덤(fandom)이 형성된다. 일부는 일반적인 팬보다 매우 적극적이고 충성도 높은 팬들의 집단을 형성한다. 이들은 자신이 좋아하는 연예인이나 영화, 게임 등 스타 콘텐츠를 소비하는 데에 시간, 돈, 노력을 적극적으로 투자한다. 남들과 다른 콘텐츠 경험을 추구하는 적극적 팬들은 좀 더 앞서 콘텐츠를 구매하거나 특별한 한정판 제품 또는 만남을 원한다. 특히 마니아층 소비자들은 제작 · 유통된 콘텐츠를 일방적으로 소비하는 데에 그치지 않고, 적극적으로 생산자에게 후기 등 의

견을 제시하거나 직접 생산 과정에 참여하기도 한다.

디지털 기술 · 하드웨어 · 소프트웨어의 발전과 보급은 '프로슈머(prosumer)'라는 새로운 생산과 소비의 세계를 만들었다. 기존의 문화 콘텐츠 산업은 창작자, 즉 생산자가 콘텐츠를 생산하고, 유통 사업자들이 콘텐츠를 유통하면, 대중이 수용 · 소비하는 시스템이었다. 그러나 점차 소비자가 생산에 참여하거나 직접 생산하며 즐기는 경우가 늘어나고 있다.

생산자를 뜻하는 영어 'producer'와 소비자를 뜻하는 영어 'consumer'의 합성어인 프로슈머라는 생산 · 소비자들이 탄생한 것이다. 이들은 단순히 전문 조직에서 생산해서 유통하는 콘텐츠를 구매해 소비하는 데에 그치지 않고 직접 생산하고 공유하며 즐기고 있다.

프로슈머들은 인공지능 기술로 인해 더욱 빠르고 완성도 높은 콘텐츠를 제작 · 소비할 수 있게 되었다. 과거에도 전문가 수준의 프로슈머로 인해 생산자와 소비자의 간격이 좁혀지는 경우가 있었지만, 인공지능 콘텐츠는 그 간격을 거의 없애는 수준에 이르렀다. 물론 콘텐츠를 제작하는 것만 중요한 것은 아니다. 기획, 마케팅, 유통 등의 단계를 거쳐 소비되기 때문에 문화 콘텐츠 산업적인 측면에서는 프로슈머들의 활동은 크게 눈에 띄지 않는다. 그러나 이제는 콘텐츠 제작 · 유통의 많은 부분이 디지털 · 인터넷으로 진행되어 과거에 비해 소수나 개인의 진입 장벽이 낮아졌다.

음악 산업의 경우 음성 합성으로 원하는 소리를 만드는 프로그램인 보이스웨어가 진화해, 보컬로이드가 등장했다. 보컬로이드는 실제 음성 녹음이 필요 없이 컴퓨터에서 음성을 합성 · 조작할 수 있는 프로그램이다. 대표적인 보컬로이드로는 2007년 발매된 '하츠네 미쿠'가 있다. 컴퓨터와 보컬로이드 프로그램을 이용해 가수 없이도 누구나 스스로 음악을 제작하고, 전 세계의 인터넷 네트워크를 통해 다수가 협력 · 공유하며 음악을 생산 · 유통하는 단계에 이르렀다. 누구나 하츠네 미쿠의 음악, 뮤직비디오 등의 제작에 참여할 수 있게 되었고, 네트워크를 통해 전 세계인들이 함께 제작에 참여하며 즐기게 된 것이다.

음원 생성에도 AI가 활용된다. 뉴튠의 AI 음악 생성 서비스 '믹스오디오(MixAudio)'는 2024년 2월 정식 출시 후, 유료 서비스임에도 7개월 만에 생성 음원 100만 곡을 기록했다. 지니뮤직, 포자랩스 등은 AI 작곡 · 편곡 서비스 정식 론칭을 앞두고 있고, 웹툰과 웹 소설 등 출판계에서도 AI가 사용되고 있다. 특히 디지털 북 서비스

‘밀리의 서재’는 KT의 생성형 인공지능을 활용해 ‘AI 오브제 북’을 선보였다. 책의 핵심 키워드를 추출해 이미지를 생성하고 영상을 만들어 전자책을 만들어 낸다. AI 보이스 기술을 활용해 내레이션과 영상 분위기에 맞는 배경음을 추가해 오브제 북까지 만든다.

이제 디지털 기술과 네트워크, 그리고 인공지능 서비스로 누구나 문화 콘텐츠를 생산 · 유통할 수 있는 프로슈머의 시대가 된 것이다.

참고문헌

장규수(2015). 『뮤직 비즈니스』. 커뮤니케이션북스.

장규수(2013). 『스타 시스템』. 커뮤니케이션북스.

양승갑(2024.4.29). KT그룹, AI로 미디어·콘텐츠산업 혁신... AICT 컴퍼니 전략 가속. ≪테크월드≫, https://www.epnc.co.kr/news/articleView.html?idxno=300650

한순천(2024.2.28). 시상식부터 스트리밍까지…문화 콘텐츠 ‘AI 활용’ 늘었다. ≪서울경제≫, https://www.sedaily.com/NewsView/2D5JBY7OU5

현대인(2024.10.2). 생성형 AI음악 서비스 '믹스오디오', 생성 음원 100만 곡 돌파. ≪전자신문≫, https://www.etnews.com/20241002000250

09
인공지능과 문화 지체

기술과 산업이 진화하는 과정에서 물질과 비물질 문화의 발전 속도가 불균형해서 문제가 발생하기도 한다.
4차 산업 혁명은 생산성과 삶의 질이 향상되는 기회를 제공하지만, 윤리와 법적 문제를 유발하기도 한다. 특히 기술과 물질문화의 급속한 발전에 제도와 사회 문화가 따라가지 못하는 문화 지체의 현상이 사회적 문제로 떠올랐다.

4차 산업과 문화 지체

'문화 지체(cultural lag)'란 미국의 사회학자 윌리엄 오그번(William Ogburn)이 비물질문화가 물질문화의 급속한 변화들을 따라가지 못하면서 상대적으로 뒤처지는 현상을 설명한 것이다. 오그번은 물질문화와 비물질문화를 구분했는데, 급속한 기술의 발전과 양적 누적에 비해 제도 · 가치관 등 비물질적인 적응적 문화(adaptive culture)가 미처 따르지 못한다는 문화 지체론을 제기했다.

이러한 현상은 경제적으로 급성장하는 개발 도상국에서 많이 나타나는데, 한국도 예외는 아니다. 예를 들어 자동차가 급속히 보급되었지만 교통 문화는 정립되지 못했고, 고속 인터넷이 널리 보급되었지만 네티즌 문화는 아직도 문제가 많다.

오늘날 4차 산업의 시대에 접어들며 인공지능, 빅데이터, 사물 인터넷 등 첨단 기술이 융합되어 사회 전반에 급격한 변화가 시작되었다. 문화 콘텐츠 산업도 마찬가지인데, 기술이 발전하는 속도가 점점 빨라지고, 새로운 기술에 적응하기도 전에 또 다른 새로운 기술이 확산되며 생산자와 소비자 모두 혼란의 상황에 처하기도 한다.

인공지능 기술의 발전 속도는 우리의 상상을 초월할

정도로 빠르다. 기술의 발전은 우리 삶의 많은 부분을 변화시키고 있지만, 문화 지체를 불러오기도 한다. 새로운 직업과 사회 구조가 등장하며 변화에 대한 사회적 합의나 제도적 준비가 충분하지 못한 경우도 많다. 인공지능, 로봇 등 새로운 기술의 등장으로 인해 예상치 못한 윤리적 문제가 발생할 수 있는데, 최근에는 얼굴이나 특정 부위를 합성한 영상 편집물, 딥페이크로 인한 문제가 논란이 되고 있다. 특히 국내 딥페이크 성범죄 피의자 75%가 10대라는 심각한 조사 결과도 있다.

인공지능 기술의 혜택이 특정 계층에 집중되면서 사회적 불평등이 심화될 수도 있고, 디지털 기술에 대한 접근성이 낮은 계층은 인공지능 시대에 더욱 소외되어 디지털 격차가 심화될 수 있다. 고용 불안정, 데이터 편향, 윤리적 가치관 등 사회적 갈등이 발생할 수도 있다.

이러한 문화 지체의 현상을 극복하기 위해 디지털 격차를 해소하고 인공지능 기술 개발과 활용에 대한 사회적 합의를 도출해야 한다. 이 과정에서 인공지능 시대에 필요한 역량을 키울 수 있도록 교육 시스템을 개편하고 법규와 제도를 개선하여 윤리적 가이드라인을 마련해야 한다.

싱가포르의 경우 정부 주도로 미래 지향적인 정책을

펼치고 있다. 스마트 시티, 스마트 헬스케어 등 다양한 분야에서 디지털 기술을 도입하고, 국민의 디지털 역량 강화를 위한 교육 시스템을 구축했다. 새로운 기술을 시험하고 발전시킬 수 있는 규제 샌드박스를 운영하여 혁신을 장려하고 있다.

우리도 4차 산업의 시대를 준비하며 정부가 디지털 전환을 위한 비전을 제시하고, 관련 정책을 적극적으로 추진해야 한다. 새로운 기술 도입을 저해하는 규제를 완화하고, 인공지능 · 빅데이터 등 새로운 기술을 개발할 때 윤리적 문제를 고려하는 노력을 기울여야 한다. 특히 고도로 발전한 인공지능이 사람의 의지를 배반하거나 인류를 해치지 않도록 통제하는 방법을 연구해야 한다.

인공지능과 데이터 마이닝

급속한 기술의 발전과 보급으로 인해 정보의 홍수와 문화 지체의 시대에 살게 되었다. 결국은 수많은 데이터 속에서 내가 필요한 정보를 골라내고 나의 지식으로 활용하는 능력이 필요하다.

'데이터 마이닝(data mining)'은 대량의 데이터에서 유용한 정보를 추출하는 것을 말한다. 데이터 마이닝은 다양한 통계적 기법, 수학적 기법과 인공지능을 활용한 패턴 인식 기술 등을 이용하여 데이터 속에서 유의미한 관계, 규칙을 발견하는 것이다. 데이터 소스에서 데이터를 크리닝하고 통합하는 과정을 거쳐 데이터를 선별하고 변환한 후, 데이터 마이닝 과정을 거쳐 패턴을 찾아내고 표현한다.

데이터 마이닝은 데이터 분석을 통해 다음과 같은 분야에 적용하여 결과를 도출할 수 있다. 첫째, 일정한 집단에 대한 특정 정의를 통해 분류와 구분을 추론한다. 둘째, 구체적인 특성을 공유하는 군집을 찾는다. 셋째, 동시에 발생한 사건 간의 관계를 정의한다. 넷째, 특정 기간에 걸쳐 발생하는 관계를 규명한다. 마지막으로, 대용량 데이터 집합 내의 패턴을 기반으로 미래를 예측한다. 이러한 분류, 군집화, 연관성, 연속성, 예측 등의 과정을 통해서 문화 콘텐츠의 생산과 유통에 더욱 세밀하고 빠르게 정보를 추출 · 활용할 수 있게 된다. 특히 방대한 데이터를 분석하여 소비 트렌드를 예측하고 새로운 시장을 개척할 수 있다.

인터넷상에서 수집된 정보를 데이터 마이닝하여 웹마이닝(web mining)한 자료는 대중의 선호도와 니즈를 파악하여 고품질의 정보를 콘텐츠의 기획 · 마케팅에 활용하는 데에 요긴하게 사용할 수 있다. 이러한 작업도 인공지능을 통해 손쉽게 결과를 도출할 수 있다.

또한 감성 분석(sentiment analysis)을 통해 여론 마이닝(opinion mining) 등으로 특정 대상에 대한 생각이나 감성을 데이터로 추출하여 콘텐츠의 기획·마케팅에 활용하기도 한다. 예를 들어 상품평, 후기 등 텍스트 데이터에서 유용한 정보를 확보할 수 있으며, 특정 단어의 사용 빈도로 만족도를 측정할 수 있다. 이러한 기술은 인공지능을 활용해서 허가받지 않은 웹사이트를 대상으로 정보를 마음껏 추출해서 정보를 취합할 수 있는 수준에 이르렀다.

과거에는 데이터 마이닝이 주로 마케팅에 활용했다. 최근에는 데이터 마이닝이 인공지능의 학습에 필요한 양질의 데이터를 공급하는 핵심적인 역할을 담당한다. 인공지능은 인간이 분석할 수 없는 영역의 데이터를 담당하며 데이터 마이닝 기술 고도화에 도움을 주고 있다. 즉 데이터 마이닝과 인공지능이 서로에게 긍정적인 영향을 주며 발전하고 있다.

인공지능은 인간의 소통 방식도 변화시킬 수 있다. 오픈AI가 개발한 '챗GTP-4o'는 사람과 비슷한 속도로 반응하며 문자, 이미지, 오디오 등 정형·비정형 데이터 모두 실시간으로 처리할 수 있으며 감정도 표현할 수 있다. 통역, 수학 계산은 물론이고 생일을 축하하며 노래도 불러 준다. 이러한 기술의 발전은 앞으로 인간과 인공지능의 상호 작용 방식이 크게 달라질 것을 예고하고 있다.

참고문헌

국립중앙과학관(*n.d.*). 데이터 마이닝.
https://terms.naver.com/entry.naver?docId=3386331&cid=58370&categoryId=58370

김홍훈(2024.5.13). 데이터 분류·분석하는 데이터 마이닝, AI시대 필수 역량. ≪테크월드≫,
https://www.epnc.co.kr/news/articleView.html?idxno=300777

박문각(*n.d.*). 문화지체. 시사상식사전,
https://terms.naver.com/entry.naver?docId=68055&cid=43667&categoryId=43667

위키백과(*n.d.*). 데이터 마이닝.
https://ko.wikipedia.org/wiki/데이터_마이닝

조혜선(2024.9.9). 서울경찰청 "딥페이크 101건 수사…피의자 75%가 10대". ≪동아일보≫,
https://www.donga.com/news/Society/article/all/20240909/130008433/2

10
인공지능과 지식 재산권

인공지능 콘텐츠는 기존의 데이터를 기반으로 만들어지기 때문에 지식 재산권에서 자유롭지 못하다. 인공지능의 학습에 이용되는 콘텐츠의 재산권을 확보하고, 올바른 직업 윤리와 적절한 법적 관리를 통해 불법 행위를 막아야 한다.

인공지능이라는 신기술의 발전에 지식 재산권이 걸림돌이 되지 않도록 상호 협의하는 것이 중요한 시점이다.

인공지능과 지식 재산권

인공지능(AI)은 처음부터 스스로 창작할 수 없는 기계적 기술이다. 기존의 데이터를 학습하고 명령어에 따라 결과물을 산출한다. 학습하는 과정에서 방대한 양의 데이터를 활용하는데, 상당수가 저작권으로 보호되는 창작물이다. 따라서 기존 데이터에 대한 지식 재산권과 관련하여 명확한 제도적 장치가 마련되어야 한다.

디지털 환경은 헤아릴 수 없을 정도로 방대한 데이터의 세상이다. '빅데이터'란 규모가 방대하고 수집, 저장, 분석 등이 어려운 정형 · 비정형 데이터들을 말한다. 인공지능 기술이 앞으로 얼마나 더 발전할 것인지는 모르겠으나, 아직은 빅데이터와 인간의 명령이 없으면 스스로 아무것도 하지 않는다. 생성형 인공지능 '챗GPT'를 만들어 서비스 중인 오픈AI가 월스트리트저널, AP통신, 르몽드, 파이낸셜 타임스 등에 콘텐츠 사용료로 엄청난 돈을 지급하는 것도 이러한 인공지능의 생산 시스템 때문이다.

생성형 인공지능 업체는 인공지능 기술을 발전시키기 위해 기존의 콘텐츠 자료가 필요하고, 기존의 문화 콘텐츠 사용에 대한 의존도는 필요 불가결하다. 예를 들어 "저녁노을이 아름다운 남산의 모습을 고흐 작품의 느낌으로 그려 줘" 등의 인공지능 콘텐츠 생성을 위한 명령어를 입력하면, 빅데이터 학습을 바탕으로 새로운 콘텐츠를 만들게 된다. 따라서 인공지능을 활용하기 위해서는 기존의 데이터와 콘텐츠를 활용할 수밖에 없고, 인간이 의도적인 명령어를 입력해야만 결과물이 나오는 구조이기 때문에 '저작권(copyright)'의 중요성이 대두된다.

아직 초기 단계지만 인공지능이 창작해 내는 콘텐츠는 놀랍다. 그러나 창작한 콘텐츠는 여러 가지 지식 재산권 침해에 대한 문제가 발생한다. 첫째, 학습 빅데이터의 저작권 침해, 둘째, 인공지능이 학습한 데이터를 기반으로 생성한 결과물이 기존 저작물과 유사할 경우, 셋째, 인공지능이 스스로 창작한 결과물에 대한 저작권의 소유권 문제가 발생할 수 있다. 개인 정보를 활용하거나 제3자에게 제공하거나 국외 이전 등을 할 경우에는 반드시 정보 주체들한테서 사전 동의를 받아야 한다. 그러나 인공지능이 빅데이터 학습을 위해 일일이 정보 주체에게 사전 동의를 받는 것은 불가능하다.

반면에 인공지능 기술은 다양한 플랫폼에서 발생하는 수익을 정확하게 추적하고, 저작권자에게 합당한 수익을 분배하는 데에 활용할 수 있다. 인공지능 기술을 윤리적으로 활용하고 사회적 합의를 도출하는 노력이 필요하다.

현재 한국의 인공지능 경쟁력을 보면 전문 인력, 연구 개발, 투자 등이 부족한 실정이다. 우리 정부는 신기술에 대한 투자와 더불어 인공지능, 메타버스 등 새로운 디지털 서비스로부터 이용자를 보호하기 위한 규범 체계를 마련해야 한다. 인공지능 서비스 이용자 보호 법안을 마련해서 미디어 혁신과 지속 성장 기반을 구축해야 한다. 정부가 인공지능 알고리듬, 데이터, 클라우드 세 가지 축을 중심으로 인공지능 기반 디지털 전략을 추진하고 있는데, 인공지능 생성 콘텐츠 표시제 도입, 피해 전담 신고 창구 개설 등 콘텐츠 이용자들을 위한 건전한 환경 조성이 선행적으로 필요하다. 특히 플랫폼의 자율 규제를 통한 모니터링과 기술적 관리에 대한 가이드라인 마련과 지원이 필요하다. 워터마크, 블록체인 등 기술을 활용하여 저작권 침해를 방지하고, 데이터의 출처를 추적할 수 있는 시스템을 구축해야 한다.

따라서 인공지능은 지식 재산권 등에 대한 문제도 발생시키고 있지만, 인공지능 기술을 활용하여 저작권 침해를 감지하고 저작권 관리를 효율적으로 수행할 수도 있다. 기술은 인간이 어떻게 사용하느냐에 따라서 긍정적인 면과 부정적인 면이 대두되는 것이다.

AI 법과 윤리

인공지능 기술이 고도화되며 유명인의 모습이나 목소리를 이용한 불법 AI 콘텐츠들이 논란을 일으키고 있다. 유명 정치인이나 연예인의 가짜 영상이나 노래가 실제로 오인되며 사회적 문제를 일으키거나 부당한 이익과 손해를 발생시킨다. 디지털 기술이 발전하며 불법 복제와 불법 유통이 문제를 발생시켰듯 이젠 인공지능 기술이 문제를 일으키고 있다.

할리우드 배우 스칼릿 조핸슨(Scarlett Johansson)이 허가받지 않은 생성형 AI 서비스로 인한 문제를 제기한 바 있다. 챗GPT 개발사 오픈AI가 음성 서비스를 공개했는데, 스칼릿 조핸슨의 목소리를 도용했다는 논란 때문이었다. 이 사건은 법적 분쟁이 예상되었으나 서비스를 중단하며 일단락됐다. 이 외에도 인공지능이 생성한 음악은 표절 논란이 일어날 가능성이 크다. 인공지능이 생성한 음악의 저작권이 누구에게 귀속되는지에 대한 명확한 법적 기준이 마련되어 있지 않아서 저작권 문제 등 다양한 법적 분쟁이 발생할 수도 있다. 미국 유니버설 뮤직 그룹은 가사가 유사하다는 이유로 AI 스타트업 앤스로픽을 고소하고 틱톡에서 관련 노래를 삭제했으며, 소니뮤직도 자신들의 음악을 AI 모델 학습에 이용하지 말

것을 경고하는 등 음반 업계가 AI 업계에 강경한 모습을 보이고 있다.

문화 콘텐츠 산업에서 인공지능으로 인한 부작용이 발생하고 있음을 알고 있지만 계속 문제가 발생하는 것은 경제적인 이유 때문이다. 이면에는 직업 윤리의 문제도 존재한다. 이러한 문제들은 단순히 기술적인 문제를 넘어 인간의 존엄성, 사회적 평등, 그리고 미래 사회의 모습까지 좌우할 수 있는 중요한 문제다. 인공지능은 개인 정보를 수집하고 분석하여 개인의 프라이버시를 침해할 수 있다. 특히, 얼굴 인식 기술이나 위치 추적 기술 등은 개인의 사생활을 위협할 수 있다. 인공지능 학습에 사용되는 데이터에 내재된 편견이 알고리듬에 반영되어 특정 집단에 대한 차별을 야기할 수도 있고, 인간의 일자리를 대체하면서 사회적 문제를 일으킬 수도 있다.

이러한 문제 해결을 위한 교육과 인식 개선 방안을 위해서 다음과 같은 노력이 필요하다. 첫째, 윤리 교육을 강화해야 한다. 인공지능 개발자와 관련 종사자들에게 윤리 교육을 강화하고, 윤리적 인식을 높여야 한다. 둘째, 기술적 해결책을 모색해야 한다. 인공지능 학습에 사용되는 데이터의 편향성을 줄이고 다양한 데이터를 활용해야 한다. 마지막으로, 국제적인 협력이 필요하다.

인공지능 기술 개발에 대한 국제적인 규제를 마련하고, 국가 간 협력을 강화해야 한다.

2024년 8월 1일, 유럽연합(EU)이 세계 최초로 제정한 「AI 규제법」이 발효됐다. 이 법안은 2월에 EU 27개 회원국 만장일치 합의를 거쳤다. EU는 이 법을 산업 · 경제 · 사회 전반에 걸쳐 오는 2026년까지 순차적으로 시행할 예정이다. EU의 규제법은 한국에서 EU로 수출하는 기업에도 적용된다.

EU는 이 법을 통해 AI 규제에 관한 국제적 기준을 제시하고 있는데, 위험 기반 접근 방식을 채택하여 AI 시스템이 초래할 수 있는 위험의 정도를 4단계로 나누어 규제 수준을 차등화하는 것이 특징이다. 위험도에 따라 금지된 AI 시스템, 고위험 AI 시스템, 제한적 위험 AI 시스템, 최소 위험 AI 시스템의 4가지로 구분하고 차등적 의무를 부과했다. 의료, 교통, 법 집행 등 중요한 영역에서 사용되는 고위험 AI 시스템은 개발 · 유통 전에 엄격한 평가를 거쳐야 한다. 그리고 AI 시스템은 항상 인간의 감독하에 운영되어야 하며, 비상 상황 발생 시 인간이 개입할 수 있어야 한다고 명시하고 있다.

미국도 2023년 10월 '안전하고 신뢰할 수 있는 AI 개발과 사용을 위한 행정 명령'을 통해 미국의 첫 AI 규제 · 관리를 시작했다. 우리도 22대 국회에서 「AI 기본법」이 발의된 상태다. AI 법은 단순히 AI 기술의 규제에 대한 장치가 아니다. 자국 산업을 보호하고 관련 산업을 활성화하기 위한 지원 방안 등이 포함되어야 한다. 국내 상황에 적합한 맞춤형 AI 기본법이 제정 · 발효되어 인공지능 기술을 활용한 문화 콘텐츠 산업이 발전하기를 기대해 본다.

참고문헌

박설민(2024.8.1). 갈 길 먼 AI기본법, 핵심은 '리터러시'다. ≪시사위크≫, https://www.sisaweek.com/news/articleView.html?idxno=216879

방송통신위원회(2024.3.22). 인공지능 이용자 보호 법률 만든다...AI 생성물 표시 의무화도 추진. 대한민국 정책브리핑, https://www.korea.kr/news/policyNewsView.do?newsId=148927330

심소연(2024). 규제중심의 유럽연합 인공지능법(EU AI Act). ≪최신외국입법정보≫, (242), 1-7쪽.

양관석(2019). 『인공지능의 빅데이터 활용을 위한 법적 연구: 저작물과 개인정보를 포함한 빅데이터를 중심으로』. 단국대학교 대학원 박사학위 논문.

장규수

장고개프로젝트 대표, 아이러브한식 이사다. 한국외국어대학교에서 방송학으로 석사, 문화콘텐츠학으로 박사학위를 받았다. 국립방송 KTV, 에스엠엔터테인먼트, 모델라인엔터테인먼트, 중앙엠앤에스, 씨오엔엔터테인먼트 등에서 프로듀서, 매니저, 에이전트, 마케터 등으로 일했고, 한국외국어대학교 겸임교수, 대경대학교 초빙교수, 연예산업연구소 소장 등을 역임했다. 한국콘텐츠진흥원, 한국저작권위원회, 한국국제문화교류진흥원, 한국문화관광연구원, 동아일보, SK텔레콤 등에 보고서, 백서, 칼럼 등을 기고했다. 주요 저서로 『한류와 아시아류』(2013), 『스타 시스템』(2013), 『뮤직비즈니스』(2015), 『문화콘텐츠 산업론』(2007, 공저), 『문화콘텐츠 기획론』(2013, 공저), 『재즈파크, 한국재즈를 말하다』(2013, 공저) 등이 있다. "한류의 어원과 사용에 대한 연구"(2011), "연예산업의 대리인 제도 도입에 관한 연구"(2011), "한국 대중음악의 해외진출 사례와 전략 연구"(2009), "케이팝의 선정성과 흥행효과에 관한 연구"(2015, 공저) 등 논문을 등재학술지에 게재했다.